中电联电力发展研究院

老挝电力工程造价管理研究

LAOWO DIANLI GONGCHENG
ZAOJIA GUANLI YANJIU

主　编　董士波
副主编　邹贵林　赵奎运

中国电力出版社
CHINA ELECTRIC POWER PRESS

内 容 提 要

为了解和掌握国外典型工程造价管理方法及国际惯例，准确把握国际工程造价管理的发展方向和趋势，推动电力企业“走出去”，中电联电力发展研究院组织相关专家编写了《老挝电力工程造价管理研究》。

本书结合老挝电力工业实践和发展情况，全面介绍了电力工程建设的投资环境、电力工业现状及工程建设市场基本情况、相关法律法规、政策与技术标准、电力建设工程计价体系研究，电力工程投资风险及应对策略等内容。

本书可供电力工程建设行业及政府部门、行业协会和企业的领导，以及业主、承包商、监理单位、设计单位和第三方咨询机构等相关专业人士使用，并可作为全国电力工程造价管理、工程管理及项目管理等专业博士、硕士研究生的参考图书。

图书在版编目（CIP）数据

老挝电力工程造价管理研究 / 董士波主编. —北京：中国电力出版社，2020.10
ISBN 978-7-5198-4940-5

Ⅰ. ①老… Ⅱ. ①董… Ⅲ. ①电力工程–工程造价–老挝 Ⅳ. ①F433.366

中国版本图书馆 CIP 数据核字（2020）第 169749 号

出版发行：中国电力出版社
地　　址：北京市东城区北京站西街 19 号（邮政编码 100005）
网　　址：http://www.cepp.sgcc.com.cn
责任编辑：张　瑶（010-63412503）
责任校对：黄　蓓　常燕昆
装帧设计：张俊霞
责任印制：石　雷

印　　刷：三河市百盛印装有限公司
版　　次：2020 年 10 月第一版
印　　次：2020 年 10 月北京第一次印刷
开　　本：787 毫米×1092 毫米　16 开本
印　　张：6.25
字　　数：86 千字
印　　数：0001—1500 册
定　　价：25.00 元

本书编审人员

主　　编　董士波

副 主 编　邹贵林　赵奎运

主　　审　刘金朋　夏华丽　夏小红　王艳波

　　　　　喻　刚

参编人员　张继钢　韦　波　柳　印　赵名锐

　　　　　郑小侠

前言

改革开放以来，电力行业大力实施“走出去”国际发展战略，深化落实“一带一路”倡议，积极进行国际电力投资和工程项目承包，国际合作规模不断扩大。随着电力投资、服务、装备、技术、标准“走出去”持续升温，我国电力企业拓展海外业务步伐持续加大，以电力工程建设为引领，投资范围涵盖水电、火电、核电、风电、太阳能发电及输变电等领域，涉及电力规划、建设、运营等全产业链。在此过程中，积极研究项目所在国电力工程造价管理体系及标准等，提出投资风险应对策略，将为海外电力工程项目顺利实施提供保障，为持续推动电力企业国际化发展提供有力支撑。同时，也可助力我国电力企业更好地了解国外典型工程造价管理方法及国际惯例，准确把握国际工程造价管理的发展方向和趋势。

中老关系长期稳定、世代友好。老挝作为“一带一路”经济走廊在东南亚地区的战略支点，已经成为中国企业海外投资和承揽工程项目的重要目的地之一。本书根据老挝电力工业的实践和发展进行编写，共分5章，主要内容涵盖了电力工程建设的投资环境、电力工业现状以及工程建设市场基本情况、工程建设相关法律法规与标准体系、电力建设工程计价方法研究、电力工程投资风险与应对策略等。

在本书编写过程中，查阅和检索了大量与老挝电力工程造价管理相关的信息和资料，从内容到形式都进行了反复的调查和研究，力求以严谨的态度、翔实的数据和真实的案例，介绍老挝电力工程造价管理及相关情况。

本书可供从事海外电力工程项目投资决策与工程造价管理的相关企业及人员参考和借鉴。希望本书能够成为中国企业了解海外电力市场和工程造价管理的窗口，同时期待业界同仁和广大读者多提出宝贵意见和建议，为提升我国电力企业“走出去”的能力和水平发挥更大的作用。

中电联电力发展研究院编写组

2019 年 12 月于北京

目录

第一章 投资环境分析

伴随中国企业“走出去”步伐加快，老挝人民民主共和国（简称老挝）已成为中国企业海外投资和承揽工程项目的重要目的地之一。老挝是中南半岛北部唯一的内陆国家，北邻中国，南接柬埔寨，东接越南，西北达缅甸，西南毗邻泰国。老挝矿产资源丰富，金、银、铜、铁、钾盐、铝土、铅、锌等矿藏储量可观；水电资源充沛，湄公河水能蕴藏量60%以上在老挝境内，全国200km以上河流20余条，有60多个水能丰富的水电站建站点；土地资源丰厚，日照时间长，雨水充足，农业开发条件较好。

近年来，随着老挝经济的快速发展，投资环境不断得到改善，在地理区位、自然资源、社会文化及政策制度等方面具有明显的优势。本章简要介绍了老挝的投资环境，较为详细地阐述了老挝的地理环境、经济发展和社会文化，本章的整体章节结构如图1–1所示。

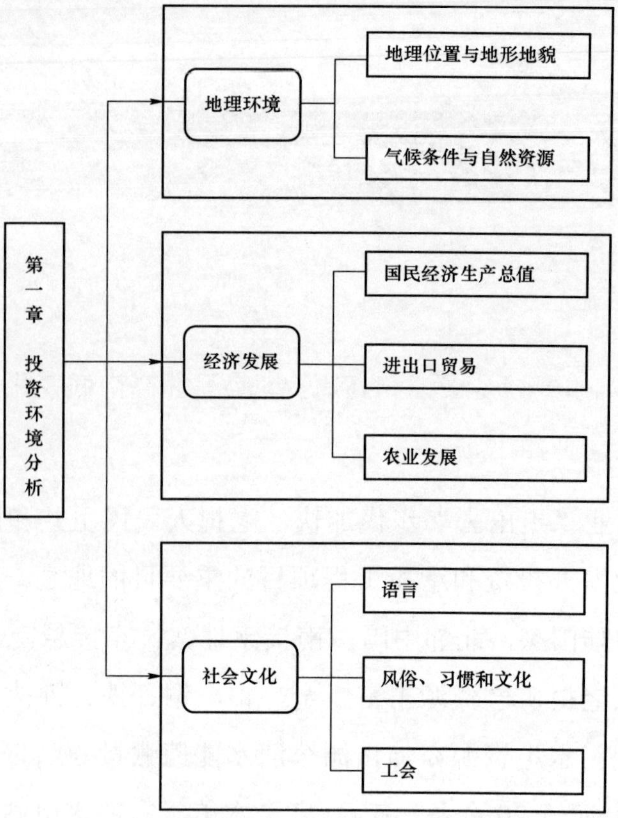

图 1–1　第一章结构

第一节　地　理　环　境

一、地理位置与地形地貌

（一）地理位置

老挝位于中南半岛，是典型的东南亚内陆国家，四周皆有邻国与其接壤。首都万象地处于北纬 18° 01′、东经 102° 48′，湄公河穿城而过。老挝采用东 7 时区时间，比北京时间晚 1h，无夏令时。

老挝自北向南依次分为上寮、中寮和下寮三大区。万象是全国的政治、经济、文化和科研中心，同时又是老挝最大的工商业城市。其他主要经济中心城市包括位于老挝北部的古都琅勃拉邦市、中部的沙湾拿吉市及南部占巴塞省的巴色市。

（二）地形地貌

老挝全境80%的区域是山地和高原，地势呈北高南低变化，上寮地区的地势最高。位于北部上寮地区的川圹高原海拔2000～2800m，最高峰普比亚山海拔2820m。老挝北部与中国云南的滇西高原接壤，东部边境与越南相接在现长山山脉构成的高原，西部是湄公河谷地和湄公河及其支流沿岸的盆地和小块平原。首都万象就位于湄公河中游北岸的河谷平原地带。

老挝境内多为山地和高原，森林覆盖率较高，有“印度支那屋脊”之称。老挝拥有丰富的矿产资源，位属中国三江成矿带的延伸部分，矿产资源丰富且储藏量可观。湄公河是老挝境内最大的河流。湄公河水能蕴藏量60%以上位于老挝境内，水电资源丰盛。老挝全国拥有20余条长度超过200km的河流，拥有60多个水能丰富的水电站建站点。老挝拥有土地资源丰厚、日照充足、雨水充盈的良好自然条件，适合农林业的发展，实现经济稳定增长。

二、气候条件与自然资源

（一）气候条件

老挝属热带、亚热带季风气候，年平均气温约26℃。5月至10月为雨季，11月至次年4月为旱季。老挝全境雨量充沛，一般年降水量约为2000mm，年降水量最少的年份也有1250mm，年降水量最大的年份可达3750mm。

（二）自然资源

老挝境内拥有锡、铅、钾盐、铜、铁、金、石膏、煤、稀土等丰富的矿藏。

其中，全国锡储量约为6.5万～8万t，并且迄今部分矿产资源已得到开采和利用。同时，丰富的水利资源为其国内水力发电提供了坚实的物质基础。根据相关数据显示，老挝森林面积约1700万hm^2，全国森林覆盖率约50%，产柚木、酸枝、花梨木等名贵木材。

第二节 经济发展

老挝以农业为主，农作物主要有水稻、玉米、薯类、咖啡、烟叶、花生、棉花等。工业基础设施相对薄弱，以锯木、碾米为主的轻工业和以锡为主的采矿业是最重要部门。2016年至今，工业增长10.4%。

主要工业企业有发电、锯木、采矿、炼铁、水泥、服装、食品、啤酒、制药及小型修理厂和编织、竹木加工等作坊。为加快经济发展，老挝政府采取加强宏观调控、整顿金融秩序、扩大农业生产等措施；同时实行对外开放，扩大对外经济关系，改善投资环境，不断引进更多的资金、先进的技术和管理方式。

一、国民经济生产总值

自1986年以来，老挝开始推行革新开放，调整经济结构，主要表现在：一是大力优先发展农林业，将农林业、工业和服务业相结合；二是取消高度集中的经济管理体制，转入经营核算制，实行多种所有制形式并存的经济政策，逐步完善市场经济机制，努力把自然和半自然经济转为商品经济；三是对外实行开放，颁布外资法，改善投资环境；四是扩大对外经济关系，争取引进更多的资金、先进技术和管理方式。

近年来，在老挝人民革命党的九大方针政策的引导下，老挝政治保持稳定，经济快速发展。根据世界银行的公开数据显示，2014～2018年期间老挝的经济发展情况如图1-2所示，截至2018年，老挝GDP达到181亿美元，较2014

年增加 48 亿美元。现阶段，老挝集中力量努力实现其第 8 个社会经济发展五年规划目标。老挝现已同 50 多个国家和地区有贸易关系，与 19 个国家签署了贸易协定，中国、日本、韩国、俄罗斯、澳大利亚、新西兰、欧盟、瑞士、加拿大等 35 个国家（地区）向老挝提供优惠关税待遇。

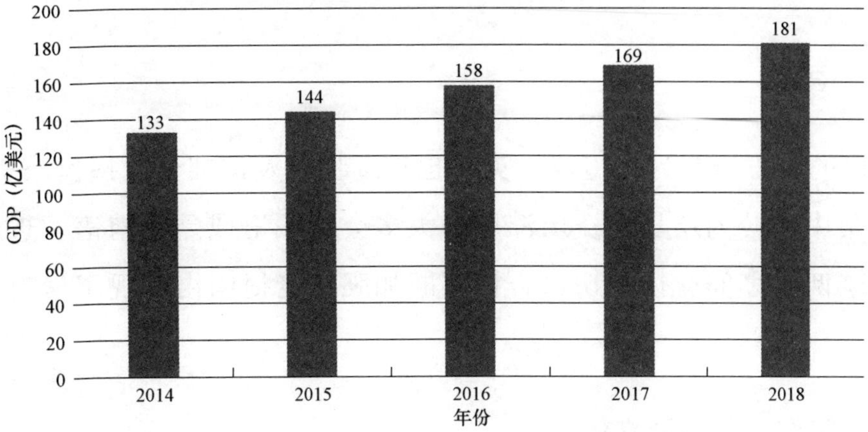

图 1–2 老挝 2014～2018 年经济发展情况

二、进出口贸易

2018 年老挝进出口贸易额达 112 亿美元，同比增长 16%，其中出口 54 亿美元，进口 58 亿美元。1997 年后，老挝经济受亚洲金融危机严重冲击。老挝政府采取加强宏观调控、整顿金融秩序、扩大农业生产等措施，基本保持了社会安定和经济稳定。老挝经济的快速增长主要是因为一些制造业如服装加工厂和电子设备组装公司在老挝设立生产基地，同时也有一些水电站投入商业运营。

三、农业发展

2016～2018 年，老挝农业年平均增长率为 2.7%，稻谷产量约 343 万 t。农作物主要有水稻、玉米、薯类、咖啡、烟叶、花生、棉花等。全国可耕地面积约 800 万 hm^2，农业用地约 470 万 hm^2。老挝服务业基础薄弱，起步较晚。执行革新开放政策以来，老挝服务业取得很大发展。

第三节 社 会 文 化

一、语言

老挝的官方语言为老挝语，英语也正逐步普及，部分老挝民众会法语。政府官员中，较为年长、资历深厚的大多会说俄语或是越南语。近年来，随着中老两国之间交往密切、合作不断加强，老挝国内出现了学习汉语的热潮。

二、风俗、习惯及文化

老挝民众大都态度诚恳，待人谦恭。在社交活动中，老挝人行合十礼是重要的见面礼节。在对外交往中，或是年轻人居多的社交场合，老挝人有时也会采用握手礼。但是，绝大多数妇女还是倾向习惯于采用合十礼。老挝气候炎热湿润，人们的衣着打扮具有明显的热带风格，各民族的服饰各有特色，男人的服装比较简单，妇女则喜欢穿筒裙。老挝人日常的饮食以糯米饭为主，菜品的特点主要是酸、辣、生。用餐时一般不使用刀叉和筷子，而是习惯用手抓饭。

在老挝，人们认为头是最神圣的部位，任何人都不能随意触摸。也不能用脚对着人、用脚开门或移动东西。按照传统习俗，老挝人忌讳陌生人进入内室，不经主人邀请或没有获得主人的同意，不要提出参观主人的庭院和住宅的要求，即使是比较熟悉的朋友，去老挝人家做客时，也不要去随意触动个人物品和室内的陈设。一般进入主人房内需要脱鞋。到老挝洽谈商务、从事贸易活动的最佳时间是旱季。老挝人在收受礼品上没有什么禁忌。

三、工会

老挝国家工商会由工贸部直接管理，非政府组织由外交部管理。近期，老挝当地未发生大范围罢工，中资企业有罢工现象发生，导致罢工的主要原因是企业拖欠工人工资等。

第二章 电力工业现状及工程建设市场

本章主要内容包括：一是电力工业发展现状，主要从电力资源情况、发电装机规模、电网建设情况及电价情况分析4个方面进行简要概述；二是概述老挝电力工程建设市场的基本情况，涉及工程承包市场特点及承包方式，以及国内外企业开拓老挝电力市场的现状。本章节的主要架构如图2-1所示。

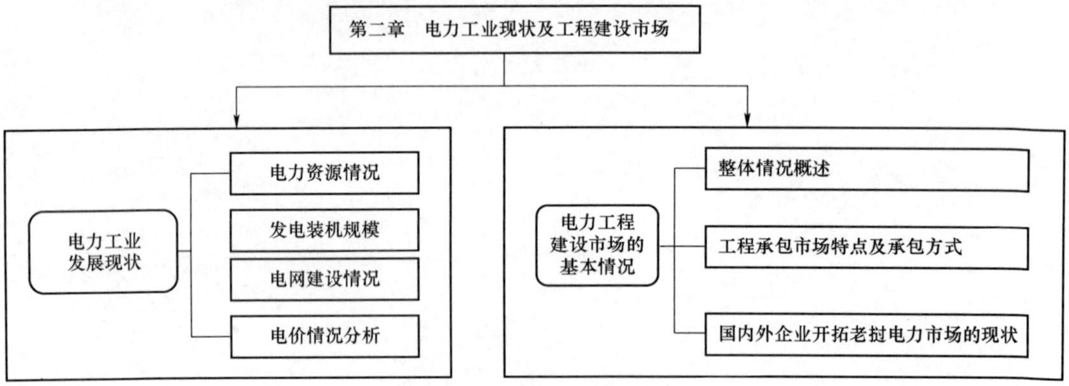

图2-1　第二章结构

第一节　电力工业发展现状

一、电力资源情况

老挝水资源丰富，是东南亚地区水资源最为充裕的国家。老挝国内河流众多、河网密集，主要河流有湄公河及其支流、南马河（马江）、南仙河（朱江）和南明河的上游段，水能储量丰富。其中，从南至北纵贯老挝全国的湄公河是世界第六大河流。湄公河干流和支流众多，覆盖老挝约95%的乡村；而且依托地势落差大，水电资源丰富。湄公河支流数量高达100余条，总长超过5000km。

鉴于老挝国内河流众多和落差较大的自然优势、丰富的水电资源，老挝国内积极利用水力资源发展水电，并将其作为发展电力的重要途径。根据已有测算结果显示，老挝理论水电蕴藏量为26 000MW，技术可开发容量为23 000MW，其中湄公河干流及其主要支流占全国技术可开发量的90%以上。目前，老挝水电总装机约为4800MW，仅占可开发容量的21%，利用程度较低，开发潜力较大。

（一）煤炭储量方面

老挝已探明可开采的煤炭储量为2.26亿t，其中褐煤1.7亿t，烟煤0.56亿t，主要分布在老挝北部和中部地区。相对可观的煤炭储量为老挝发展煤电、建设燃煤电站提供了一定的潜在支持和物质基础。而在石油、天然气储量方面，老挝油气资源储备较少而且技术要求较高、开发难度较大，老挝国内所消耗石油、天然气资源全部依赖国外进口。

老挝煤炭资源主要包括无烟煤和褐煤。老挝从2012年开始出口无烟煤，但在2015年，政府停止了煤炭出口；老挝优先使用煤炭以满足国内相关行业部门的需求，如建设燃煤电站，发展电力建设。洪萨燃煤电厂于2015年开始投产运营，通过消耗煤炭资源进行发电。根据《老挝能源数据统计报告（2018）》的公开数据显示，2000～2015年，老挝的煤炭产量从2000年的22.9万t增加至2015年的479.3万t，如图2-2所示。

老挝煤炭出口主要是褐煤，无烟煤仅在2012～2014年出口。出口数量从2000～2012年增加，2013～2014年下降，2015年没有煤炭出口。2015年，老挝与泰国签订《谅解备忘录》，老挝向泰国出口电力以满足泰国对电力需求。2017年老挝向泰国出口电力3801MW，预计到2021年将增加到9000MW。

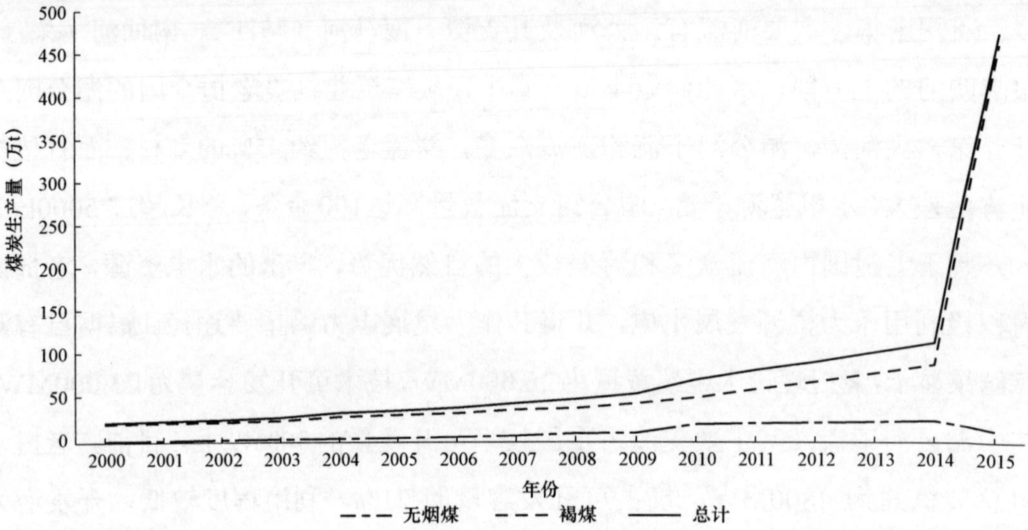

图 2-2　老挝煤炭生产量示意图

（二）新能源开发方面

老挝身处内陆，境内多高原山地；山脉在一定程度上阻挡季风和台风，全境大部分地区风速小于 2m/s，尚未达到风力发电的相关要求。老挝大部分地区太阳辐照度约为 5500～6500MJ/m^2 之间，光照状况良好，太阳能资源较好。目前小型光伏电力系统已经在偏远地区得到应用，但因为老挝国内各方面条件限制，总装机容量依然十分有限，老挝太阳能光伏发电还需进一步发展。

老挝具备大力开发水电的条件，并匹配燃煤电站进行削峰填谷、调节管控的功能。同时，老挝政府也希望不断加强完善利用上述资源禀赋来开发电力行业。介于老挝政府资金实力有限，老挝政府鼓励国外投资者以“建设—经营—移交（Build-Operate-Transfer，BOT）”的形式进行独立发电商（Independent Power Producer，IPP）电站投资。尽管大部分的开发成本由私人投资者承担，但一般情况下，老挝电力公司（Electricite du Laos，EDL）根据相关规定，也会占有 5%～15%该类电站的股权。在电网工程承包模式方面，由于建设资金短缺问题，老挝政府采用“EPC+F”模式，即“施工工程总承包+金融”的投资模式。

二、发电装机规模

老挝基于水电资源充沛的自然优势，将水电作为其电力开发的重点。从地区分布来看，大型水电站集中建设在老挝的南部和中部地区，而相对来说，北部地区水电站装机规模相对较小。老挝现有的发电能力能够满足本国的电力需求，但基于能源安全方面的考虑，避免单一的水电能源结构而造成季节性短缺的风险，老挝已经开始建设火力发电站，提高老挝本国电力供给的稳定性。

近年来，老挝政府高度重视本国水电资源开发和利用。老挝电力勘察设计部门的勘察结果显示，老挝境内水电资源理论蕴藏总量约为3000万kW，技术可开发总量为2347万kW，其中湄公河干流1225万kW（国际界河按1/2分摊水资源），约占老挝全国技术可开发量的52.2%；湄公河支流及其他支流1122万kW，约占老挝全国技术可开发量的47.3%。2000年至今，老挝水电资源开发速度异常迅猛。现阶段，老挝的电站项目分为直接连入EDL本国电网和专线连入邻国电网两种情况。

老挝的一些小型太阳能发电厂于2014年投产。2015年，老挝开始使用煤进行发电，其主要目的是用于出口。

（一）已投电源

在“东南亚蓄电池”战略引导下，老挝电力市场得到快速发展。截至2018年3月，全国电力装机容量从2010年的2520MW增加至6712MW，增长约266%，已投产运营电站达到55座。其中，直送EDL电网系统的电力装机总量从2010年的533MW增长至2502MW，增长约469%；专线连接泰国和越南外送电力装机总量从2010年的1987MW增至4210MW，增长约212%，如图2-3所示。

老挝电站装机中绝大部分为水电站，大型火电站只有装机为1878MW的红沙燃煤电站，其余新能源电站装机总量很小，基本可以忽略不计。老挝按照电网分布可划分为北部、中部1区（首都万象位于该区）、中部2区和南部四个区域，各个区域的电站装机分布不均，基本呈现北多南少的格局。不考虑外送装机，北部地区装机 879MW，占比 35%；中部 1 区装机 1037MW，占比 41%；中部 2 区装机 209MW，占比 8%，南部地区装机 378MW，占比 15%。

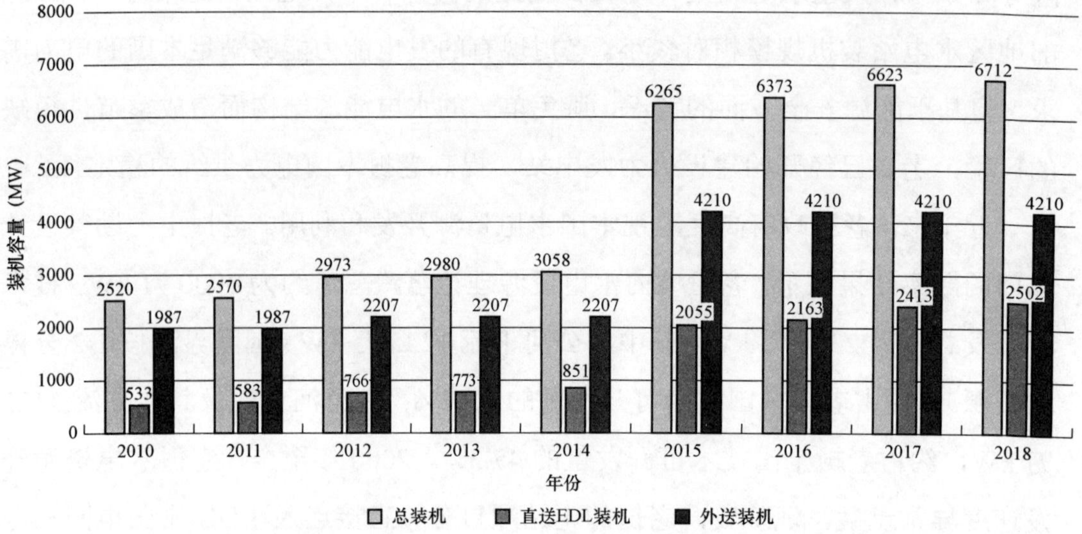

图 2-3　老挝 2010～2018 年 3 月电力装机容量变化示意图

（二）在建电源

截至 2018 年 3 月，老挝在建电站 19 座，总装机容量 5409MW，其中直送 EDL 电网系统的总装机容量为 2793MW，以点对网方式向泰国和越南外送电力装机约 2616MW，如表 2-1 所示。2020 年，直送 EDL 电网的总发电装机约 4363MW，随着南欧江二期水电站（732MW，位于老挝北部）在 2020 年的投产，中北部地区的电站装机将进一步加大，若该地区的电力需求无法迅速增加，或者通往南部负荷中心的配套电网没有及时建设，电力消纳问题将变得十分严峻。

2018 年 7 月，老挝南部的桑片—桑南内水电站项目在建设过程中发生溃坝，该项目总投资约 10.2 亿美元，总装机 410MW，原定于 2019 年进入商业运营。此次溃坝与老挝的强降雨和施工质量有关，将影响部分在建项目后续施工进度。

表 2-1　　老挝在建电源投产统计表（截至 2018 年 3 月）

年份	EDL（MW）	IPP（d）①（MW）	IPP（e）②（MW）	合计（MW）
2018	110	256	300	666
2019	0	156	1985	2141
2020	40	1142	0	1182
2021	480	160	0	640
2022	130	0	650	780
合计	760	1714	2935	5409

注　① IPP（d）指的是直送国内独立发电商的电站。
　　② IPP（e）指的是专网供电至国外的电站。

（三）规划电源

老挝除在建电站外，还规划了 10 余座电站的建设，包括水电、燃煤电站及风电、太阳能等可再生能源发电建设计划在内，总装机超过 10 000MW。这一系列的建设规划，将根据老挝电力市场需求增长适时开发。按照老挝能矿部的电力开发规划，预计在 2030 年，老挝电力供给将有望可达到 20 000MW 以上。

三、电网建设情况

老挝目前还没有形成统一的全国电网，由于老挝的输电线路网络还未实现全国覆盖，部分农村和偏远山区仍无电力供应，因此部分地区仍需要从泰国、越南和中国进口电力。老挝政府积极履行职能、采取相应举措，针对国家电力发展和电网规划开展一系列的编制工作。

老挝将全国的电网系统包括高压（500、230、115kV）、中压（22～35kV）和低压（0.4～12.7kV）三种类型；以 115kV 线路为主，而 500kV 输变电线路总长不到 100km，主要供老挝、泰国跨境电网使用。截至 2016 年底，230kV 线路总长 1371km，115kV 线路总长 5257km，35kV 及以下线路总长 45 164km。

在电网输送可靠性方面，2012～2016 年老挝电网线损率指标如表 2-2 及

图 2-4 所示。由图表信息可知：2012～2016 年老挝电网线损率不降反升，2016 年输配电线损率高达 13.41%。电网线损率数值的变化，可反映出老挝电网线路设备老化，电网线缆亟需更新升级。

表 2-2　　老挝 2012～2016 年电网线损率

年份	2012	2013	2014	2015	2016
线损率（%）	10.32	12.02	13.10	10.20	13.41

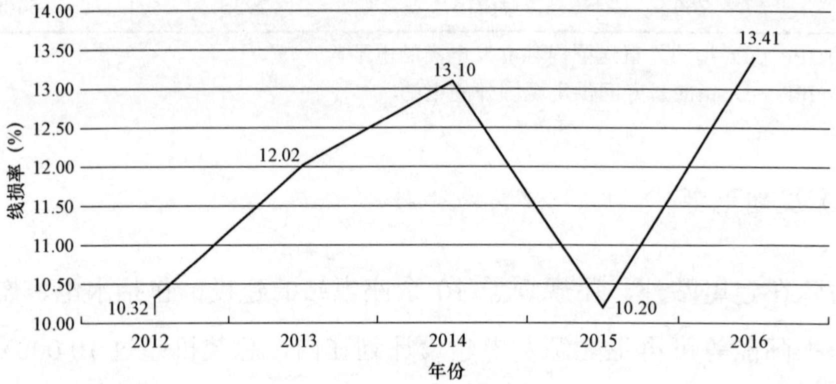

图 2-4　老挝 2012～2016 年电网线损率示意图

老挝的输电网络还未实现全国覆盖，输配电网络目前仅覆盖了老挝 92.39% 的家庭。四个电网分区也尚未实现高压等级的主干网连通，部分农村和偏远山区仍存在电力供应空缺，部分地区出现供电不足的情况。当前，老挝仍需要从泰国、越南和中国进口电力。除此以外，老挝电网多为单回路和单环结构，电源中心和负荷中心之间输送电力距离长，以致供配输送中电能损耗较大，安全性与可靠性较低。

四、电价情况分析

（一）电价类型及制定主体

在老挝，电价分为两种类型：一种是进口购买和出口销售电价，另一种是国内购买及销售电价。《电力法》要求，不论电力出口还是在国内销售，都应提交老挝政府审批电价。

（二）电价制定原则

《电力法》规定，电价制定应当保证符合国家的社会经济情况，并且与电力使用对象及电力用户类型相适应；电价应当稳定且保障电力投资的回报与电力开发；在各个时期，能源矿产部应当与其他相关部门、相关方合作研究各个类型的电价模型提交老挝政府审批；电力使用类型及电力用户类型应当由老挝政府决定。

根据《关于向老挝国家电力公司出售电力的所有电力项目的电价设置原则的暂行规定》（第 0825/MEM 号，2016 年 5 月 3 日），在枯水季节的 7 个月调高电价，在丰水季节的 5 个月调低电价。

（三）农村用电

农村电价在《电力法》里单独列明，包括以下三种情况。

（1）在农村使用的电力，如与上网系统相连，则属于本法第 48 条规定的电价。

（2）政府投资的电力项目的购售电，没有与上网系统相连的，由能源矿产部门与当地行政管理部门共同研究提议电价。

（3）私人投资的电力项目的购售电，由投资商与能源矿产部门及其他有关部门共同提议，报当地行政管理部门。

（四）电力定价机制

老挝电力法规定：电价必须根据社会经济条件制定，并且与用户类型相适应。电价需保持稳定，确保投资的回报和开发；电价结构由能源矿产部和其他部门合作研究，并提交政府决定；电价分为进出口购买价格和售价、国内购买价格和售价；老挝政府享有各个时期的各类电价的决定权。

根据 2012 年 2 月老挝政府常务会议做出的《关于 2012～2017 年电费政策的决议》（03 号，2012/03/05），能矿部部长通告老挝国家电力公司总经理关于同意调整老挝国家电网系统内的国内部分电价。老挝 2012 年 3 月至 2017 年 12 月，低压、中压及高压下不同的用电单位按以下电价标准执行（见表 2-3）。

表 2-3　　老挝 2012 年 3 月至 2017 年 12 月电价标准执行

年份		2012						2013	2014	2015	2016	2017
月份		3	4	5	6	7	8～12	1～12	1～12	1～12	1～12	1～12
低压（住宅用电）	0～25kWh	277	285	294	303	312	321	328	334	341	348	355
	26～150kWh	330	339	350	360	371	382	390	398	405	414	422
	＞150kWh	796	820	845	870	896	923	941	960	979	999	1019
低压电，非住宅用电	国际组织	1109	1143	1177	1212	1249	1286	1312	1338	1365	1392	1420
	服务业临时用电	860	886	912	940	968	997	1017	1037	1058	1079	1101
	教育、体育业	676	696	717	738	760	783	799	815	831	848	865
	娱乐业	1139	1173	1209	1245	1282	1321	1347	1374	1401	1429	1458
	政府办公楼	676	696	717	738	760	783	799	815	831	848	865
	农业水利	411	423	436	449	463	476	486	496	506	516	526
	工业	609	627	646	665	685	706	720	734	749	764	779
中压电	服务业临时用电	730	752	775	708	823	847	864	881	898	916	935
	教育、体育业	574	591	609	627	646	665	678	692	706	730	734

续表

年份		2012						2013	2014	2015	2016	2017
月份		3	4	5	6	7	8～12	1～12	1～12	1～12	1～12	1～12
中压电	娱乐业	1082	1115	1148	1183	1218	1255	1280	1305	1331	1358	1385
	政府办公楼	574	591	609	627	646	665	678	692	706	720	734
	农业水利	350	361	372	383	394	406	414	422	431	439	448
	工业（低于5MW）	517	533	549	565	582	599	611	624	636	649	662
	工业（高于5MW）	647	647	647	647	647	647	660	673	687	700	714
高压电		647	647	647	647	647	647	660	673	687	700	714

注 1. 自 2013 年起截至 2017 年，每年上涨 2%。
2. 本电价不适用于和电力公司签订购电协议，直接从电力公司输电的各企业项目。例如，色本金矿项目，金木棉经济特区、磨丁经济特区和直接进口电力的项目。
3. 本通知规定的电价不含增值税。
4. 从 2012 年 3 月起执行，截至 2017 年 12 月。

第二节　电力工程建设市场的基本情况

一、整体情况概述

肇始于 20 世纪 90 年代末，老挝工程承包市场开始收缩，招标项目减少，项目规模偏小。外援在老挝经济社会发展中占有举足轻重的作用。1997 年以前，老挝每年接收外援和贷款约 3 亿多美元，其中贷款部分占 1/3，约 1 亿多美元，且多用于基础设施建设。

在水电市场方面，老挝作为水电资源丰富的东南亚发展中国家，为中资企业以 BOT 方式开发水电项目提供了大量机遇，成为“一带一路”上的重点国家。老挝水电 BOT 项目的两大投资协议（《特许经营协议》和《购电协议》）界定了项目主要参与方的权责利，明确了风险分担原则，在项目开发过程中占据着非常重要的地位。根据目前水电的建设情况，截至 2020 年，老挝水电站将达到 100 座，水电站基本呈现出饱和状态。

在电网工程方面，伴随老挝水电站建设的饱和，未来配套电网建设将是一个投资重点。老挝制定 2016～2025 年发电发展计划总结包括：EDL 拥有 2509MW、IPP 拥有 10 314MW、IPP（e）拥有 689MW。老挝制定 2016～2025 年变电站发展计划总结包括：全国计划建设变电站 52 个；其中 14 个是 500/230/115/22kV 变电站，16 个是 230/115/22kV 变电站，22 个是 115/22kV 变电站。老挝制定 2016～2025 输电线路发展计划总结包括：全国开发新的输电线路总长度如下：EDL 拥有 4799km，IPP 拥有 2988km，IPP（e）拥有 87km。

二、工程承包市场特点及承包方式

（一）工程承包市场特点

随着老挝国际工程承包市场的日益规范，在不断向国际化标准靠拢的发展进程中，也显现出不足：一是，带资承包已成为普遍现象；二是，国际工程承包市场逐步进入到规范化管理进程中。

1. 带资承包已成为普遍现象

当前，国际工程逐渐向着复杂化、大型化发展变化，工程承包商出于自有资金的考虑，需要尽可能减少中间承包环节，并且尽可能缩短建设时间。因此，导致了项目需要的一切物资管理、采购等工作，都由承包商完全承担。由此，基于总承包模式的 BOT 及 EPC 模式逐步呈现普及化，带资承包已成为老挝国际工程市场的基本特征。

2. 国际工程承包市场步入规范化管理

随着国际工程承包市场竞争的日趋激烈，工程项目的盈利空间也逐渐缩小。与此同时，国际工程承包市场的风险系数加大，国际承包商的风险防范意识也在逐步增强。各国承包商在竞争中不断自我完善和提升，总结并学习优秀经验，伴随而来的便是技术创新、电子化管理、质量管理体系标准和环保管理体系标准走向规范化，且成为市场准入的必备条件。处于效益和信誉度的考虑，国际承包商通过日益规范化的成本、进度、质量及安全管理来提高自己竞争力的同时，也能够使企业的国际化道路走得更为顺畅。

3. 老挝工程承包市场潜力巨大且竞争激烈

近年来，老挝经济的快速发展带动着工程建设项目进入上升期，电力实现跨越式发展。到 2025 年，老挝将发展成为发电总装机容量达 1237.6 万 kW 的电力输出大国。随着老挝政府招标权力的扩大更是对外来承包商实力、财力和人脉资源的巨大考验，无形中增加了企业的竞标难度。此外，作为与老挝有着政治、经济依附关系的泰国和越南，在老挝工程承包市场具有绝对优势。老挝大部分的工程项目都以泰国、越南政府或企业全资或合资筹建，在国际各大承包商公开竞标时都会向泰国和越南企业倾斜。

4. 老挝政府行政效率较低

老挝政府缺乏统一、有效的行政事务办理窗口，办事程序多且不透明，在涉及工程承包项目手续审批时表现得尤为突出。我国企业在获取各类许可证、外派人员暂住证、设备机械通行证等工程项目配套证件时往往费时费力、出现重复缴费，中国驻老挝大使馆及经商处也多次进行过协调，但收效甚微。同时，与区域水平相比，老挝在办理时间和程序上多高于地区平均水平，反映出老挝的行政效率仍有待提升。

（二）工程承包方式

在工程项目限制领域内，有些建设工程项目仅限老挝国民从事。例如，城市用水管道、建筑物供水系统及空调系统安装等。在电力工程方面，室内电力安装和 22～35kV 及 0.4kV 以下的配电网施工及安装，也仅限于老挝本国人民从事建设。仅局限与老挝本国人民从事的相关工程类型，可详见《为老挝国民保留的商业活动清单》。

对于外商，老挝政府对工程项目的承包受限也有相关的规定。

（1）本土企业优先采购。按照《财政资金购买商品、建筑、维修和服务的招投标令》，全部使用老挝本国资金的采购优先选择非附属于外国公司的老挝本土企业。

（2）承包特定工程，对外商独资企业注册资本以及外商持股比例有特殊要求。《外商投资目录》中下列工程对外商独资企业最低注册资本有要求：公路及铁路项目下道路及桥梁的施工，外商独资企业注册资本要高于 2400 亿老挝币，否则外商持股比例不得高于49%。《外商投资目录》还要求施工场地的清理准备、建筑部件的组装、建筑内部和外部设计及装修等工程中，外商持股比例不得高于49%。

三、国内外企业开拓老挝电力市场的现状

1986 年后，老挝逐渐施行改革开放的政策，将经济发展的重心放到交通运输及基础设施建设上，因为只有基础设施不断健全，才可以带动各行各业兴旺发展。水力发电站是老挝最大的国民经济收入来源，也是国民经济赖以生存的基础。

中国和老挝双边政治经济往来持续发展，贸易交往不断增强，越来越多的中国企业在老挝投资兴业。中国企业在老挝投资主要集中在水电、矿业和农业及铁路等基础设施。2013 年 10 月，中国取代泰国成为老挝最大的投资国。老挝计划投资部副部长曾经对此表示，在老挝大约有 764 个项目归属于来自中国

的投资者，这些项目涵盖了各方面、各层次的不同领域，既有矿产、农业，也有工业制造和旅游业等。在这些项目中，有552个是中国独资，其余212个为两国合资。当下中国已经成了老挝的外资来源国最大主力之一。中国投资中独资所占比例超过七成。领域集中在矿产、农业、电力等传统领域。中国资本在老挝数量和分布情况如表2-4所示。

表2-4　中国企业投资项目行业分布和资金组成（2017年1月）

序号	类别	项目数量（个）	老挝国内资金（美元）		中国资金（元）	总资金（元）
			私人	政府		
1	矿产	99	793 624	32 919 900	2 760 856 439	3 587 400 899
2	电能	11	87 827 378	156 731 700	1 081 263 556	1 325 822 634
3	农业	187	24 245 240	240 000	614 035 973	638 521 113
4	部分工业制造	194	91 478 269	1 403 043	544 279 168	637 160 480
5	服务	80	27 832 824	61 683 239	348 507 316	438 023 379
6	建筑	30	101 389 600	—	186 885 300	288 274 900
7	贸易	57	5 057 242	—	53 653 948	58 711 190
8	酒店与餐厅	35	11 112 500	405 000	36 713 214	48 230 714
9	木材	30	3 072 048	2 250 000	40 896 593	46 218 641
10	公共卫生	10	7 100 000	—	24 514 130	31 614 130

其次，中国作为在目前老挝外资的最大来源国，中国企业在老挝投资是中国资本在老挝的重要经济主体。中国在老挝援建和承建的项目集中在水电、桥梁、公路和铁路等传统优势项目。

近年来，在老挝投资的重大工程多以中国企业为主，越来越多的高质量、有实力的中国国有企业进入老挝投资。从2013～2016年中国企业在老挝重大投资项目中可以看出，重大项目多以中国企业投资为主，且投资企业多为有实力、有知名度的中国国有企业，投资领域以电力、铁路为主。所投资的项目具有投资金额大、投资领域集中的特点，如表2-5所示。

表 2-5　　2013～2016 年中国企业在老挝重大投资项目

合同签署/项目开工时间	公司名称	企业属性	项目名称或投资领域	项目总投资（亿美元）
2016 年	中国重型机械有限公司	国有企业	色贡煤电一体化项目 EPC 合同	21
2015 年	中国电力技术装备有限公司	国有企业	500/230 万象环网输变电项目总承包合同	2.39
2015 年	中国中铁股份有限公司	国有企业	老中铁路磨丁—万象段	58.8
2015 年	中国电力建设集团	国有企业	南欧江流域梯级水电站（二期）项目	17
2015 年	中国电建集团国际工程有限公司	国有企业	南俄 3 水电站	12.9
2014 年	浙富水电国际工程有限公司	其他	桑片—桑南水电站项目	0.67
2013 年	南方电网有限责任公司	国有企业	南塔河 1 号水电站项目	3.9

中国企业在老挝投资的重大项目涉及以电力为代表的能源领域和以铁路为代表的基础设施领域，既体现了老挝经济发展急需对基础设施的改善和对能源的开发，也反映出中国企业在老挝投资集中于传统优势领域。

第三章 相关法律法规、政策与技术标准

老挝政府严格执行老挝人民革命党中央关于提高国家管理效力的决议，高度重视依法治理国家和社会的理念。通过不断加强依法治国，老挝进一步把国家治理转变为在法律监督的框架内进行。老挝政府在现行的法律框架下颁布了一系列法律法规，包括政府决议、政令、法令、决定和通知等，为中央和地方政府行使行政职能提供法律依据。2016～2018 年，老挝通过的新法律和修订法律共计 50 项。老挝政府通过立法和修法一方面加强了政府的管理能力，改善部门和地方之间的协调机制；另一方面加强了对中央和地区的社会管理。本章节的核心研究内容包括三方面：一是对老挝相关法律法规和政策进行简要的概述分析；二是对与电力相关的法律法规、政策与技术标准进行梳理和解读，如主要法律制度，工程采购、承包方面的法律法规及政策，税收政策及投资政策等；三是选取《老挝电力技术标准》进行介绍与分析。本章的章节结构如图 3-1 所示。

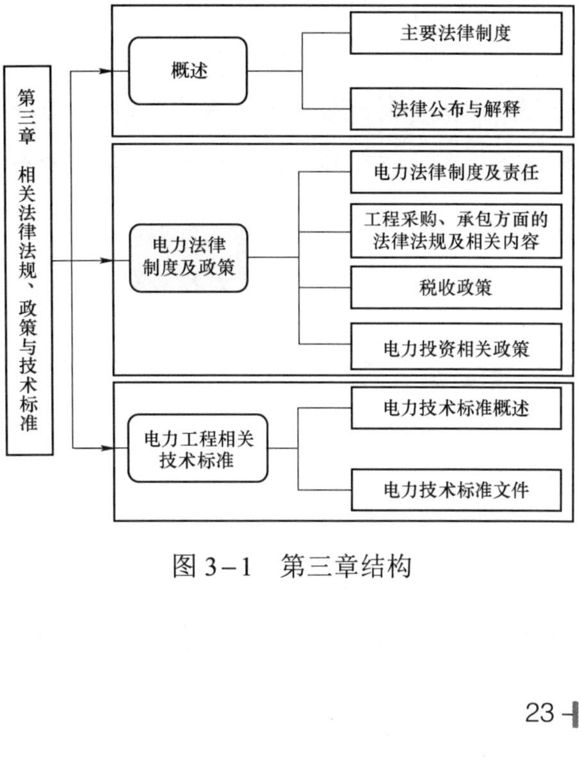

图 3-1 第三章结构

第一节 概 述

从老挝的历史发展进程来看，老挝现行法律体系的起源和发展主要沿袭了三个方面：一是老挝长期形成并认同的传统与习惯；二是老挝曾经经历长期的法国殖民统治，因此沿用法国遗留下的法律体系思想，而深受影响；三是老挝从一个社会主义国家角度出发，逐渐建立带有社会主义性质和特色的法律体系。

根据老挝 1986 年的新经济政策，现行的法律体系还受到邻国（尤其是越南和中国）趋向市场化的法律和经济转型的影响。此外，老挝法律体系的发展目前受到一些条约对区域一体化要求的驱动。

从目前老挝的法制建设来看，尽管还残留上述各个因素影响的痕迹，但其法制建设主要是从经济建设和市场经济发展的需要出发，从加强与东盟国家合作的需求来考虑相应的建设重点。基于国际形势和本国国情，老挝广泛地研究了世界各国有关市场经济建设的立法，制定出台了许多新的法律和法令。目前，老挝有关市场经济的立法大致包括 40 多件法律和几百件法令与规章，如《合同法》《私有财产法》《继承法》《国际银行法》《会计法》《保险法》和《劳动关系法》，这些法律、法令和规章绝大部分都是 1989 年以后颁布的。为了保证市场经济立法的顺利实施，老挝于 1991 年制定了宪法，并于 2003 年做出第一次修改，对私有财产和私人投资给予了宪法上的保护。

一、主要法律制度

（一）《宪法》

1991 年 8 月，老挝最高人民议会第二届六次会议通过了老挝人民民主共和国第一部宪法。宪法明确规定，老挝人民民主共和国是人民民主国家，全部权力属于人民，各族人民在老挝人民革命党领导下行使当家作主的权利。

法律框架的调整向市场经济发展的方向转变，其源于1991年8月14日通过的《宪法》，并于2003年做出修改。《宪法》规定了以下基本原则。

（1）老挝的人口由多民族人口组成。

（2）老挝经济以“国家调整的市场经济”概念为基础，即由引入的市场经济与保持中央政府机构集中和统一的管理相结合；所有的经济部门在法律面前一律平等，并将在市场经济的背景下进行。

（3）老挝的司法部门分为人民法院与人民检察院两大机构。

（4）外国人、外来者和无国籍人员有权获得老挝法律所规定的权利。

（5）老挝鼓励投资，特别是外商投资，投资者的财产不被国家征收和国有化。

（6）财产权（土地以外的财产）和与继承财产相关的权利为宪法性权利，土地为国家集体所有，但国家承认土地的使用权、转让权和继承权。

（7）《宪法》鼓励知识产权的保护。

（二）立法程序

《宪法》与《国会法》《法案公布法》及《立法法》均规定了老挝的立法程序规则。在老挝，可提出法律草案的有如下机构：共和国主席、国会常务委员会、老挝政府、最高人民法院、总检察长和中央级的一般群众组织（如老挝妇女联盟、老挝人民革命联盟、老挝总工会等）。

法律相关提案须经由总理任命的法律起草委员会从技术角度准备和审核，并由相关事项的国家主管机构留存、监管。之后须经政府办公室批准后，草案委员会将拟写的法律草案提交国会，国会予以审议。国会每年召开两次例会，一般情形下，会议分别在6月（或7月）、11月（或12月）举行。一旦法案经国民议会的成员多数投票通过，则在其通过后三十日内，必须由国家主席颁布，随后正式开始实施。在此期间，国家主席有权要求国民议会重新审议该法律。若国民议会确认通过该法律，国家主席必须在之后的十五日内颁布该法律。实际上，在一部法律通过后，国家主席从未要求国会对其重新审议。如有此种情形发生，应将所提交的草拟法案重新递交至草案委员会进行复审，随后再次提交至国会。

（三）合同相关法律制度

在老挝，合同的执行和解释属于重大事宜，特别是在以复杂合同项目和融资文件为基础的电力项目投资中。

1. 可撤销合同

《合同和侵权法》规定了合同无效的多种情形，同时《合同和侵权法》包含有体现公平的相关原则。具体原则如下。

（1）合同若存在对缔约一方显失公平，则合同无效。

（2）乘人之危签订的合同，无效。

（3）若可撤销合同因胁迫、欺诈、强迫以外的原因被宣告无效，则合同资产应返还投入资产的当事方。

（4）与国家和公共利益存在冲突的合同，无效。

（5）包括合同各方在内的任何利害关系方，均可将与国家和公共利益冲突作为缘由，请求法院宣告合同无效。

2. 登记和公证要求

在老挝，项目文件的强制性依赖于文件的有效登记。根据《文件登记条例》的相关规定，所有涉及转让所有权、财产使用权、权利分配、公司章程和包含特许经营协议的合同、法庭判决的文件需要到国家资产管理部或自然资源与环境部进行注册，以便使其“有效并有法律价值”。尽管登记公证不是强制性的，但可以确保文件的真实性及副本的准确性，相关文件进行登记和公证应当一直纳入合同签订的流程之中。

国家资产管理部的登记费用取决于文件类型和合同价值，特许经营相关协议、EPC 合同、设计合同和服务协议所收取的费用是最高的，费用为 1.25 亿老挝基普。除此以外的其他文件类型，只是收取名义上的一定登记费用。自然资源与环境部门登记费涉及土地抵押的，费用为贷款金额的0.2%，而涉及土地租赁协议的，登记费用为租赁价款的0.2%。协议的印花税通常是 1 万老挝基普。

根据《担保交易法令》，涉及土地的担保协议应当进行公证；根据《融资租赁法令》，融资租赁应当进行公证。由于登记公证要求全部使用老挝语翻译，公证会影响交易成本。为此，在非强制性的情况下，这个程序并不经常使用。过去适用公证要求的大型项目开发者，被免予公证是一个标准的特权，而现在老挝政府的政策针对该项事务进行了更多的限制。

3. 语言文本的要求

项目文件一般用英文签署，然而老挝政府要求特许经营协议和土地租赁需有老挝语文本。老挝政府相关法律规定，两个文件均需要提供。当老挝语文本与英文文本发生冲突时，文件应以英文文本为准。国家资产管理部要求，相关的文件公证登记需填写老挝语摘要。

虽然上述规定目前适用良好，但仍存在一定的风险。需要注意的是，老挝法院可以仅以项目合同中当事人提交的老挝语翻译文本为准，另外老挝法院诉讼程序同样以老挝语进行。

4. 放弃主权豁免权

特许经营协议和土地租赁需包含放弃主权豁免权的条款。需要注意的是，根据《企业法》设立的国有公司不是老挝政府的一个部门，老挝国家电力公司不能以“主权豁免”提起有效索赔。

5. 适用法

在项目文件中经常规定适用的国外法律为合同适用法。虽然老挝法律允许选择适用国外法律，但司法实践表明老挝法院和经济仲裁机构缺乏对其他司法管辖区法律的了解，因此仅以他们理解的老挝法律为准。

为保证担保利益的执行，担保文件涉及老挝境内担保资产的抵押或是由老挝公民或实体签发（包括股权质押和保证），该文件应适用老挝法律。

一般来说特许经营协议、土地租赁协议应包含老挝法律作为适用法的条款，如果老挝法律没有规定或规定不明的，老挝法律没有明确强调“补充性”适用法问题。

二、法律公布与解释

老挝立法（包括法律、法令、命令、决定和指示）必须在政府公报（www.laoofficialgazette.gov.lao）公布。政府公报不包含所有现行立法的完整记录。

《民事诉讼法》规定，老挝法院的判决应采取书面形式，实践中可能无法一直遵守这个要求。此外，法院判决无论是否是书面形式都不向公众公开。适用老挝法律也有一定的灵活性，在实践中老挝政府办事机构如何解决某些问题往往是不可预测的。特别是已颁布的老挝法律虽然规定了生效日期，但是有关政府部门对于实施新法的实际日期往往具有不确定性。

尽管上述法律文本的公布及实施有局限性，但所有在老挝经营的公司都必须遵守生效的法律规定，无论是否公布或公开。对于大型项目，特许经营权人还要受到谈判的特许经营协议的进一步约束，遵守所有老挝法律（除获得有效豁免的法律规定以外）。不遵守法律规定会构成特许经营协议中的违约，可能导致协议终止和（或）承担赔偿责任。在可以获得所有生效的老挝法律的前提下，不遵守法律规定代表项目的重大风险。这种风险通常在特许经营协议中相应条款将守法义务限定为遵守“已公布”的老挝法律。

第二节 电力法律制度及政策

一、电力法律制度及责任

（一）《电力法》概述

目前老挝生效的《电力法》是在 1997 年《电力法》的基础上，经国会在 2011 年 12 月 20 日审议通过的修正版，自 2012 年 3 月 31 日起生效。2011 年修订的《电力法》包括详细的特许经营协议最终签署的缔约过程（谅解备忘录、项目开发协议、特许经营协议）及关于支付《税法》规定的环境税的新要求。

《电力法》包括总则、电力活动、电力业务经营、农村电力促进、电价、发电者、配电者、电力用户的权利义务、禁止性规定、争议解决、管理与解决、奖励与惩罚、最后条款。《电力法》是规定电力的管理、生产、输电和配电的主要法律，但不适用于核能源电力。

《电力法》第四条规定“老挝全国的电力能源为老挝国家所有，政府集中、统一管理，授权个人、法人实体及组织使用。”

此外，《电力法》规定允许利用输电线路将电力从发电设备提供给老挝境内或境外的购电者，但要遵守技术和安全限制并向输电线路的所有权人支付传输费。《电力法》允许在老挝国家电网（目前是老挝国家电力公司的输电线路）不足的情况下设立私人输电线路。老挝国家电网，应当按照老挝电力技术标准运行，纳入老挝能矿部和其他有关部门的管理和监察、允许老挝政府使用、老挝政府有权持有股权或者收购该线路作为国家资产。

（二）电力法律责任

《电力法》对违反电力法律规定的行为规定了行政罚款、民事责任及刑事责任。如有以下行为，将受到老挝相关部门的行政罚款处罚。

（1）未经审批从事电力经营业务。

（2）未经审批进行电力设施的施工与安装。

（3）未经审批在家里安装电力设施。

（4）未经审批允许他人从自家接电。

（5）篡改电表。

（6）违反电力技术标准及安全标准。

（7）违反关于减少环境影响标准的规定。

（8）违反法律规定的纳税及其他义务。

（9）违反对环境影响及健康、财产补偿义务。

（10）罚款金额由具体规定列出。

个人、法人实体或者组织违反《电力法》导致他人损失的，应当向他人承担民事损害赔偿责任。违反电力法律法规构成犯罪的，将按照《刑罚法》被起诉和追究刑事责任。

二、工程采购、承包方面的法律法规及相关内容

（一）法律基础

老挝没有类似于中国的《招标投标法》来统一规范管理工程招标采购。需要注意的是“老挝政府采购”的主体不仅仅包括老挝所有政府部门（含在海外设立的使用老挝国家财政预算的老挝政府代表机构），还包括老挝国有企业及老挝国家持股的合资企业。

《财政资金购买商品、建筑、维修和服务的招投标令》《财政预算法》及《反腐败法》构成政府采购工程管理的三部基本法律法规。

（二）劳务用工

老挝《劳动法》规定了有关原则、劳动管理监督的规则和方法、劳动技能

的发展和劳动保护的具体规定和措施，《劳动法》对所有在老挝的雇主及劳动者均适用，包括注册和没有注册的雇员、为外国组织工作的老挝雇员及在老挝工作的外国雇员。此外，劳动管理法律法规还包括法令、决定、指令，包括2002年5月28日颁布的第68号总理令《关于输出老挝劳工境外工作的法令》、2007年12月10日劳动与社会保障部颁布的《关于许可外国人进入老挝工作的决定》、2011年3月6日颁布的第3号总理令《关于外国人以经商和雇佣劳动方式在老挝谋生问题的处理方针和办法的决定》。

1. 使用外国员工的规定

（1）批准。《劳动法》规定使用外国员工的雇主应提交用工计划需求并报老挝劳动和社会保障部批准。

（2）限额。老挝规定允许外国员工占总劳动力的比例为：体力劳动者占10%，技术劳动者占20%。根据《投资促进法》，如果有必要招聘超过《劳动法》规定比例的外国技术和体力劳动者，投资人有权向一站式投资服务办公室提出申请，由投资办公室研究并提交投资促进委员会审批。

（3）条件。在老挝的外国员工必须满足几项要求，包括年龄超过20岁，拥有技能和岗位所要求的专业水平，无犯罪记录和身体健康。外国员工的劳动合同期限为1年，可展期1～5年。管理层员工和专家劳动合同的展期则视不同情况而定。

（4）签证。根据老挝一站式投资服务政策，外国投资者、外籍员工及进入老挝从事商业活动的外国人均可以申请签证，其中投资人及其家庭成员，申请NI－B2商务签证；非投资人或股东的董事和技术人员，申请LA－B2雇员技术签证。签证期限包括短期及长期两种，其中短期包括3个月、6个月和1年，长期包括3～5年多次往返签证以及5年多次往返签证。

（5）工作许可。用工单位必须在收到雇佣外国劳动者的许可后1个月内登记并申请工作许可，工作许可与工作签证同时颁发，期限视雇佣合同而定，临时工作许可不得超过3个月的临时期限，适合用于项目管理、评估或者基于设备销售合同的安装与维修工作人员。申请和注册工作许可卡，需要提交以下资料：要求引入外国雇员的申请文件、劳动与社会保障部颁发的外国雇员引进许可、护照和LA-B2签证。

2. 老挝劳动和社会保障规定

老挝最新修订的《劳动法》（2013年12月24日第43/NA号）经老挝国会审议通过，于2014年10月14日在老挝政府公报上公布，并于2014年11月4日生效，同时2006年《劳动法》（2006年12月27日第06/NA号）废止。另外重新制定的老挝《社会保障法》（2013年7月26日第34/NA号）也经老挝第七届国会五次会议通过。根据《社会保障法》在老挝不论是外国员工还是老挝员工，都应当参加社会保险，向国家社会保险基金支付保险费并享受社会保险权益。

（1）劳动合同期间。劳动合同分为固定期限劳动合同和无固定期限劳动合同。固定期限劳动合同最长期限（含续期）不得超过3年。如果期限超过3年，该劳动合同应视为无固定期限劳动合同。在固定期限劳动合同到期之前，如果合同双方希望续期，应至少提前15天互相通知对方并在到期后60天内签署新劳动合同。

（2）试用期。雇主有权对员工设置一定期限的试用期。对于体力劳动者，试用期不得超过30天；对于技术劳动者，试用期不得超过60天。试用期期间，双方都有权随时终止雇佣。对于体力劳动者，应提前3天通知终止；对于技术劳动者，应提前5天通知终止。试用期届满前7天，雇主应书面通知员工是否予以雇佣。

（3）工作时间、夜间工作、倒班和加班。在工作时间方面，法定工作时间为每周不超过6天且每天8h或每周不超过48h。午餐休息时间不少于60min并不计入工作时间中。特殊工作，如辐射性或疾病传染性工作、接触有毒烟雾或气味和危险化学物品的工作、在地下或隧道或水底下或天上的工作、冷热不正常的场所工作、振动性作业等每天不能超过6h或每周不超过36h。老挝现行法律法规关于夜班和加班也做出了相关规范和法律。夜间工作时间段为晚上10点到第二天早上6点连续工作不少于7h。夜间工作的有权在休息至少11h后开始新的一天工作。如因生产、商业运营和服务所需，雇主可以安排倒班。夜间倒班的员工有权在休息11h后开始新的倒班。而加班方面，雇主在征得工会或劳工代表及本人同意后可以要求工人加班，加班时间每月不超过45h或每天不超过3h，非紧急情况下（如灾害或者对劳动单位造成巨大损失的事件等）则禁止连续加班。

工作日加班（17点至22点）的员工有权获得标准工资的150%，工作日加班（22点至第二天6点）的员工有权获得标准工资的200%。休息日或节假日加班的员工有权获得标准小时工资的250%，休息日或节假日16点至22点加班的员工有权获得标准小时工资的300%，休息日或节假日22点至第二天6点加班的员工有权获得标准小时工资的350%。

加班工资=月工资/（26天×8小时）×加班适用的百分比×加班小时

（4）正常节假日、年假及病假。员工有权带薪享受的法定节假日有：12月2日国庆节（1天）、1月1日国际新年（1天）、3月8日国际妇女节（针对女性，1天）、老挝新年（3天）、5月1日国际劳动节（1天）、10月5日世界教师日（针对教师和教育管理人员，1天）、外国员工所属国的国庆节（1天）、传统节假日由雇主与员工协商确定。工作满1年及以上者，可以申请休15天年假；从事重体力劳动或有害身体健康工作者可以申请休18天年假，休假期间获得正常工资。年假时间不能将每周休息日、法定休息日计算在内。劳动者在出具医院证明情况下有权申请病假，但每年不得超过30天，病假期间有权获得正常工资。

（5）最低工资标准及社会保障。2013年《劳动法》规定了最低劳动薪资标准，老挝政府有权根据不同时期、不同领域的实际情况制定最低工资水平或劳动报酬，用工单位不得低于政府规定的最低工资水平聘用劳动者。2015年2月18日，老挝劳动与社会福利部联合老挝全国总工会与老挝国家工商会召开新闻发布会正式宣布：老挝政府决定从2015年4月1日起，全国最低工资标准由原来的 626 000 基普/月，提高至 900 000 基普/月。在社会保障方面，老挝的《社会保障法》第 9 条规定了以下几种社会保障金：卫生保健补助金；生育和流产补助金；工伤和职业病补助金；疾病补助金；丧失劳动能力补助金；养老金；丧葬补助金；被保险人家庭成员补助金；失业补助金。

老挝相关法律还规定了雇主关于社会保障的主要义务。

1）注册。拥有 10 名及以上员工的雇主必须向老挝社会保障组织进行注册登记。拥有少于 10 名员工的雇主可自愿注册。

2）月度报告。雇主应每月向老挝社会保障组织报告其员工的月工资以及员工入职和离职情况。

3）缴纳社会保障金。雇主应在每月 15 号之前向老挝社会保障组织缴纳上月报告的社会保障金。根据 2014 年 12 月老挝劳动和社会福利部《关于执行失业保障金的决定》（第 3623/MOLW 号），自 2015 年 1 月 1 日起，每位员工每月应缴的社会保障金为其月工资的 11.5%，应纳月工资上限为 2 000 000 基普。雇主应承担员工月工资 6%的费用数额，而员工自己应承担本人月工资 5.5%的费用数额。员工自己承担部分由雇主从其月工资中代扣代缴。如果雇主不缴纳或迟延缴纳社会保障金，则每月处以应缴金额 2%的罚款。

（6） 工伤和职业病的待遇。如果员工遭受工伤或职业病，雇主或社保执行机关必须根据《社会保障法》的规定承担赔偿责任。在康复期间，员工有权获得不长于 6 个月的标准工资。如果 6 个月届满，雇主或社保执行机关将根据《社会保障法》的规定承担费用。如果员工因工伤或职业病死亡的，雇主或社保执行机关必须依据《社会保障法》的规定承担丧葬和赔偿责任。

根据《社会保障法》第 20 条规定，工伤或职业病保险分为一次性给付和按月领取津贴。《社会保障法》第 21 条对工伤或职业病保险的资格条件进行了规定：① 缴纳工伤或职业病社保金至少一个月；② 在工作地点、上下班途中及出差过程中因工伤而丧失任何肢体或劳动能力或精神失常；③ 因执行工作任务引起职业病。上述第 2、第 3、第 4 个条件应提供诊断书予以证明。《社会保障法》第 22 条对丧失劳动能力的分类和程度进行了规定：第 1 类为具有

81%～100%的劳动能力；第 2 类为具有 71%～80%的劳动能力；第 3 类为具有 61%～70%的劳动能力；第 4 类为具有 51%～60%的劳动能力；第 5 类为具有 41%～50%的劳动能力；第 6 类为具有 31%～40%的劳动能力；第 7 类为具有 21%～30%的劳动能力；第 8 类为具有 1%～20%的劳动能力。其中，第 1～5 类有权按月领取伤残补助金，第 6～8 类应一次性领取补助金。

暂时丧失劳动能力的补助金为最近 6 个月平均保险所得的 70%，最长可领取 6 个月。对于第 1～5 类暂时丧失劳动能力的，按月领取的补助金为近 6 个月平均保险所得乘以丧失劳动能力的百分比。如果受益人仍在工作或退休，其有权领取该伤残补助金的 50%。对于第 6～8 类暂时丧失劳动能力的，一次性领取的补助金按以下步骤进行计算：① 计算事故发生前近 6 个月平均保险所得；② 平均保险所得乘以 12，即 12 个月的平均保险所得；③ 12 个月的保险所得乘以丧失劳动能力的百分比。

（7）健康与安全措施。等于或少于 100 名员工的用人单位必须聘请 1 名专门负责员工安全与健康的人员；多于 100 名员工的用人单位必须设立健康与安全部门或委员会；雇佣 50 名员工以上的偏远地区的雇主必须聘请 1 名医务人员；少于 50 名员工的雇主必须在现场配备急救药箱和 1 名受过急救训练的人员。

（8）劳动争议解决。2013 年《劳动法》规定了以下劳动争议解决方式：① 和解；② 由劳动行政管理局解决；③ 由劳动争议解决委员会解决；④ 向法院起诉；⑤ 按照老挝作为一方的公约或国际协议的规定解决争议。

三、税收政策

老挝有关税收法律包括 2015 年 12 月 15 日颁布的《税法》、2009 年颁布并于 2013 年和 2014 年两次修订的《增值税法》及《投资促进法》中有关税收的规定。2015 年《税法》适用于个人、法人和其他组织，包括在老挝境内营业、永久性或暂时性谋生的外国人，以及居住或在老挝境内有营业场所进行营业，在老挝境外产生收入的外国人。依据《税法》的规定，税收制度包括直接税收和间接税收。直接税收包括利润税、所得税、定额税、环境税、手续费及其他费用。间接税收包括消费税和增值税。

（一）利润税

利润税相当于企业所得税，其依照《税法》计算对每年经营活动产生的应纳税利润进行征收，除非纳税人符合《投资促进法》特殊性税收处理。利润税年止于 12 月 31 日。应税利润的计算式为本年总的应税收入减去总的可减免费用。然而，利润税应根据上一年度的实际缴税利润、本年度每季度的实际利润或纳税计划中写明的项目利润税按季度提前支付。现行《税法》中的利润税率已降至 24%。

（二）所得税

鉴于在大多数管辖区域，“所得税”的概念可以与“利润税”相互替换，特别是关系到企业利润的，然而所得税在《税法》中有不同的含义。《税法》第四十三条规定：“所得税指的是本法规定的对个人或法律实体在老挝境内产生的收入的直接税收。”《税法》对下列所得（包括但不限于）征收所得税。

（1）工资、薪金、奖金、加班费、职位和职称津贴、年度津贴、董事会津贴以及其他的货币或福利收益的收入。

（2）股息或股息分配利润及其他合伙人或股东收益、个人和（或）法人出售股份的收益。

（3）个人或法律实体的贷款利息、佣金、代表费收入；通过合同或其他约束性义务下证券获得的收入。

（4）租赁所得收入，例如：土地、房屋、建设项目、车辆、机器或其他财产租赁所得收入。

（5）知识产权收入，如专利、版权、商标权和其他个人或法人的知识产权收入。

（6）买卖、土地转让、建设项目或建造项目土地使用权的收入。

（三）预提税

老挝适用的预提税税率如表 3-1 所示。

表 3-1　　预 提 税 税 率

计税基数	税率（%）
股息	10
利息	10
特许权使用费	5
服务费	4.8

注　以上税率可以根据《中国政府和老挝政府关于对所得避免双重征税和防止偷漏税的协定》（简称为“中老 DTA”）的规定调整。

（四）增值税

增值税于 2010 年 1 月 1 日引入老挝。老挝的增值税体系遵循惯常的增值税体系，即增值税的进项购买可以与增值税的销项抵消。增值税是一种间接税，它收取货物与服务在生产的所有阶段（从制造和分配，到服务提供和消费）的增值比例。自 2010 年 1 月 1 日起，《税法》规定增值税取代营业税，向年业务营业额超过 4 亿基普的所有个人、组织和法律实体（包括国内和国外）收取在老挝境内从事商业、制造和实施或进口服务的税费。

《增值税法》规定，国内增值税率为 10%，而 0%增值税率适用于出口货物和服务。零税率（0%）也适用于在本国生产不出或能生产但数量不足的生产材料和机器，不论其是国内产品还是国外进口产品。这些物品必须用于生产和投资，以及成为固定资产的一部分。

根据《增值税法》规定，在增值税制度登记下，货物和服务供应商必须将增值税增加至提供给客户的货物和服务的价值中，并收取增值税支付给税务部门。增值税制度下登记的纳税人在收取其增值税（“销项税”）时，有权抵销纳税人已支付过的货物和服务的增值税（“进项税”）。缴纳给税务机关的增值税的数额的计算如下：

销项税－进项税＝应付增值税

如果在进项税高于销项税的月份中，该差值可在之后的六个月中进行扣除。多种货物和服务免于征收增值税，例如：非加工农产品和手工艺品、植物和幼苗、外交官大使馆与国际组织使用的货物、教育用品与服务、银行服务、医疗服务及用于捐赠于援助项目的商品和服务。

提供货物和服务至老挝境内的外国企业应在逆向收费的基础上交纳增值税。购买货物或服务的老挝公司需要交付增值税。在增值税返还中，该增值税可以抵消销项税。

（五）消费税

消费税是对在老挝境内进口、生产和提供特定货物及服务所征收的使用税。消费税由应税货物的进口商和生产商、应纳税服务的提供商缴纳。进口商在进口货物时缴纳该种使用税。

（六）进出口关税

进出口关税是对所有进口和出口老挝的货物进行征税。出口货物按照其实际价值计算出口关税，而进口货物按照其实际价值加上保险费和运费计算进口关税。通常关税税率为 5%～40%。根据《投资促进法》设立的公司对于进口生产所需的特定货物可以免税。

四、电力投资相关政策

近年来，老挝政府做了许多努力以使国内及外国投资的审批程序更顺畅。老挝政府 2009 年 7 月 8 日颁布《投资促进法》（第 2/NA 号），该法取代了《国内投资促进法》(2004年10月22日第10/NA号)和《外国投资促进法》(2004年10月22日第11/NA号),2016年12月16日颁布施行的《投资促进法》修订版(2016年11月17日第2/NA号),加大了欠发达地区促进投资的税收优惠措施,并补充修订及新增了一部分内容。《投资促进法》对国内和外国投资都进行了规范。《投资促进法》第32条将投资经营分为一般经营和特许经营两类。该法第41条对特许经营进行了专门定义:"特许经营是指政府按照法律法规,授权投资者使用某项所有权或者政府的其他权利开展投资经营活动,包括土地、矿业、电力、航空、电信等特许经营权。"电源和输电项目的投资在老挝都属于特许经营范围。相关法律还规定,电力特许经营的期限自签署特许经营协议之日和首次商业运营之日起,不得超过30年。

(一)电力投资外商准入

1. 针对国民保留的商业投资

老挝工商部根据《批发及零售决议》(2015年5月22日,第1005/MOIC.DTD)于2015年7月13日发布第1328号通知,修订《为老挝国民保留的商业活动清单》。根据修订后的清单,以下电力相关商业类型仅限老挝国民从事:① 装机容量小于15MW的水电站项目;② 室内电力安装;③ 22~35kV以及0.4kV以下的配电网络施工及安装。

2. 针对境外限制的商业投资

老挝工商部根据《批发及零售决议》(2015年5月22日,第1005/MOIC.DTD)于2015年7月13日发布第1327号通知,修订《外商投资目录》。修订后的清单,主要涵盖了加工、工程建设、汽车和摩托车维修的批发和零售、交通和仓储、住宿和餐饮服务、金融服务、科学和技术等商业活动。列入清单的商业活动,一般限制外商投资在49%以内,投资达一定金额可以对外商100%放开。

值得注意的是，所有列入该清单的商业活动，都需要进行环境和社会影响评估，需要根据相关部门的具体要求实施。

（二）电力投资形式

根据现有的投资相关规定，老挝电力投资项目允许以BOT（建设—经营—移交）、BT（建设—移交）、BOO（建设—拥有—经营），以及国家电力公司代表国家经营形式开展；从事电力项目的个人、法人实体或者组织应当按照《老挝企业法》在老挝境内注册法人实体来实施项目。私营企业可以以新设合资公司的方式与老挝国有企业合作。2017 年 1 月 1 日生效的修订《投资促进法》引入 PPP 模式，允许社会资本方参与传统的公众基础设施及公共服务领域，具体的合作领域、条件和程序在单独制定的《PPP 条例》中进行规定。

（三）电力投资程序

1. 概述

2011 年《老挝电力法》对电力行业特许经营项目取得程序做出了“三步走”（谅解备忘录、项目开发协议、特许协议）的规定。老挝的水电投资项目，基本都是通过上述特许经营程序进行开发。截至目前，老挝政府尚无单独授予输电线路特许投资经营的先例。

修订后的《投资促进法》明确引入 PPP（政府与社会资本合作）模式，与目前已有的项目开发模式不同。《PPP 条例草案》规定的大体程序是由老挝 PPP 管理部门完成可研后立项采购，在社会资本方提出项目建议的情况下，可以采纳项目建议并以此立项通过竞争性采购确定最终项目投资及建设方。

2. 水电站项目投资程序

（1）签订《谅解备忘录》。有意投资老挝水电站项目的投资者必须向能源矿产部门提交申请，以取得有关主要数据的批准和确定项目位置。投资者与老挝有关政府部门签订项目开发谅解备忘录，表明双方同意投资者在一定期限内对项目开展深入的可行性研究和环境与社会影响评估，约定双方的权利与义务，促成未来《项目开发协议》的签订。

根据《电力法》第 29 条规定，如果项目开发者未遵守《谅解备忘录》规定的条件和条款，老挝政府有权终止《谅解备忘录》且无需给予任何赔偿。

（2）签署《项目开发协议》。投资者在《谅解备忘录》项下的义务和承诺履行完毕后（如可行性研究和环境影响评估已获有关部门批准），可以向老挝政府申请进入以签署《项目开发协议》为基础的项目开发阶段。在这一阶段，投资者应当按照能源矿产部规定的程序积极配合能源矿产部，直接与能源矿产部能源事业司进行谈判。谈判后，能源矿产部将谈判结果提交至计划投资部以报告至老挝政府，老挝政府批准后会签发公告和授权计划投资部代表老挝政府签订《项目开发协议》的授权书。

根据《电力法》第 29 条规定，投资者应当在《项目开发协议》到期前一个月提出延期申请，经老挝政府决定后《项目开发协议》可以延期。只有在投资者完成《项目开发协议》规定的活动或已有实际进展，《项目开发协议》才可以延期，延长的期限不能超过六个月。对于电力出口项目，延期不得超过三次；对于供国内使用的电力项目，延期不得超过两次。如果项目开发者未遵守《项目开发协议》规定的条件和条款，老挝政府有权终止《项目开发协议》且无需给予任何赔偿。

（3）设立项目公司。《投资促进法》要求在老挝设立老挝实体并拥有经营商业活动；《电力法》对从事电力活动的投资者重申了这项要求。

对于要求授予特许经营权的商业活动，诸如水电站项目，设立老挝有限公司的特许经营登记证必须向投资促进部门获取。以下许可证/审批也应当获得以确保合法成立公司：

1）工商部企业注册办公室颁发的名称预核准证书；

2）投资促进部门颁发的公司章程批准证书；

3）财政部下属税务局颁发的税务识别号证书；

4）公安部颁发的使用公司印章的批准函；

5）业务经营许可证（电力行业的许可证由能源矿产部能源事业司颁发）。

（4）签订《特许经营协议》。签订《特许经营协议》的审批流程与签订《项目开发协议》的流程类似。然而，在签订《特许经营协议》之前，投资者必须设立项目公司，由项目公司与老挝政府签订《特许经营协议》。

根据《电力法》第 29 条规定，只有在《特许经营协议》生效后才可开展项目主要活动，如建设水坝、水电站或引水渠道，以及与项目开发有关的树木砍伐。

根据《电力法》第 33 条规定，特许经营期限自签订《特许经营协议》之日起算，且在自商业运营之日起不超过三十年的期限届满后终止。特许经营期限到期后，特许经营权人应将经独立工程师检查和认可的且具有良好和可运行条件的整体项目无偿移交给老挝政府。

（5）签订《电价谅解备忘录》和《购电协议》。制定《购电协议》之前，老挝国家电力公司通常会与投资者协商和签订《电价谅解备忘录》。在达成《电价谅解备忘录》的基础上，投资者将与老挝国家电力公司就 《购电协议》及其附件（《〈购电协议〉的技术规范》）进行再次协商。根据《电力法》第 47 和第 48 条规定，无论产出的电能是出口或仅在国内销售，在《购电协议》中规定的电价都应征得相关批准。

第三节　电力工程相关技术标准

一、电力技术标准概述

老挝电力技术标准从制定到实施，都是在日本国际协力机构（Japan International Cooperation Agency, JICA）的技术支持下完成的，经历了三个阶段：第一阶段，电力技术标准设立阶段（2000～2003 年，成果为 2004 年工业和手工制品部（当时电力管理部门为老挝电力公司）颁发的部门令《老挝电力技术标准》（Lao Electric Power Technical Standards，LEPTS）；第二阶段，电力技术标准推广阶段（2005～2008 年），成果为 2006 年能矿部颁布的部门令《老挝电力技术标准使用及管理指引》（The Guideline on Operating and Managing Lao Electric Power Technical Standards）及《运行维护安全规定》（Safety Rules for Operation and Maintenance）；第三阶段，提升电力技术标准使用管理能力阶段（2010～2013 年），成果为能矿部内部职能调整及《老挝电力技术标准》修订。

电力技术标准执行管理部门为老挝能矿部及省级能矿厅。根据实际实施的结果，不同地区的省级能矿厅对《老挝电力技术标准》的理解不一，存在缺乏专业管理人员的情况，并且在促进电力开发与电力技术检查管理上存在职能上的交叉与冲突，《老挝电力技术标准》在省级层面实施效果不佳。

《老挝电力技术标准》允许使用替代标准。根据该标准第三条规定，只要能够实现该标准规定的基本要求，可以使用替代的技术标准。但哪些替代标准可以接受，哪些不可以接受，没有一个明晰的界定标准。老挝电力领域的外国投资商、承包商，基本都是世贸组织成员国国家，例如中国和越南，这些国家的标准与国际标准没有显著差别，理论上都可以“实现基本要求”。换句话说，《老挝电力技术标准》的强制性在某种程度上，可以被理解为不具有实质意义，除非能证明其他国家的标准与老挝标准相比，欠缺内容或者低于老挝标准。

《老挝电力技术标准》与周边国家标准统一是个趋势。一方面，老挝作为世贸组织成员国，根据《贸易技术壁垒协定》，原则上应遵守国际标准，如果制定特别的本土规则会被认作设置非关税贸易壁垒；另一方面，次湄公河区域及东盟的区域化发展，势必要求技术规定在区域内的各个国家之间的统一。

《老挝电力技术标准》目前执行上存在差异性，在实施过程中有不适应老挝社会经济情况的诸多问题，再加上管理部门的理解水平和管理能力不一，不同区域、不同项目在执行该标准的规定上存在差异。需要调整以符合老挝财力、物力和人力情况。《老挝电力技术标准》不适用于地热和太阳能发电。对于可再生能源开发投资，目前还没有公布统一的电力技术标准。

二、电力技术标准文件

《电力法》是电力领域法律效力最高的一部法律，由国民议会制定；《老挝电力技术标准》是2004年发布的部门令，规定水电站工程、输电、配电等专业领域实施《电力法》步骤性规定和原则，以及具体的技术标准；《老挝电力技术标准使用及管理指引》《运行维护安全规定》是2006年颁布的部门令，其中，《指引》仅就实施《电力法》和《老挝电力技术标准》技术要求做了行政程序上的规定，不涉及具体技术。有关老挝电力技术标准的公开及内部文件表见表3–2。

表3–2 有关老挝电力技术标准的公开及内部文件表

名　称	备注
《电力法》（Electricity Law）	法律
《老挝电力技术标准》（Lao Electric Power Technical Standards）	部门令
《老挝电力技术标准使用及管理指引》（The Guideline on Operating and Managing Lao Electric Power Technical Standards）	部门令
《运行维护安全规定》（Safety Rules for Operation and Maintenance）	部门令
《测试手册》（Examination Manual）	内部
《检查手册》（Inspection Manual）	内部
《老挝电力技术标准解释》（Lao Electric Power Technical Standards）	内部
《术语表》（Glossary of Terminology）	内部

老挝政府相继制定并出台了《老挝电力法》《老挝电力技术标准》。这两部法律法规都对老挝的电力技术标准做出了相关规定。表3–3将《老挝电力法》《老挝电力技术标准》中技术标准的相关规定进行对比分析。老挝的水电站、输电及变电站、配电的可行性研究、施工、运营方面，分别由国家、省级、地方级管理部门执行。老挝政府为了规范和加强对电力工程项目的管理，制定出台了《电力技术标准使用及管理指引》。该法律规范中对相关电力工程项目中

的测试及检查步骤，做出了程序规定和说明解释。《老挝电力技术标准使用及管理指引》还针对相关电力工程项目中的测试及检查分工做出了相关规定和要求。

表 3–3　《老挝电力技术标准》《老挝电力法》关于技术标准的条款

2004 年《老挝电力技术标准》（No.052/MIH）	2011 年《电力法》（No.03/NA）
第 3 条　符合技术标准	第 14 条　电力施工与安装
拟新建、复原、运行电力设施的所有权人，应当按照本技术标准规定的要求进行设计、施工、运行及维护、监管。 本技术标准设立了电力设备基础要求及满足基础要求应当遵守的技术内容。第 2 章第 3 条至第 7 条的规定及第 3 章第 3 条至第 7 条的规定，可能没有覆盖满足第 2 章第 2 条及第 3 章第 2 条规定的基础要求的全部技术内容，如果替代的技术内容有足够的技术基础足以满足基础要求，那么该替代技术应当被视为符合基础要求。 本条中使用的“所有权人”，是指有关组织、政府及省级行政部门、老挝国家电力公司，以及根据《电力法》第 11 条及第 4 条经授权允许从事电力经营的企业或个人。对于本技术标准执行前，已经运行的电力设施、建设中的电力设施及完成设计的电力设施，所有权人应当在可能的情况下尽最大努力使电力设施符合本技术标准所规定的基础要求	电力施工与安装应当保证安全，限制、减少对自然及人类有害影响。电力施工与安装应当遵守《老挝电力技术标准》 第 21 条　电力设施安装 从事电力设施的施工、安装、扩建、修理及维护的个人、法人实体或组织，应当严格遵守《老挝电力技术标准》 第 22 条　电力技术标准的设立及遵守 能矿部负责设立电力技术标准，统一电力工具、设备、输电线路及电力用品标准，保障电力安全与节约用电，在全国实现统一标准来管理所有电力用品，不论是本土生产制造还是外国进口。 所有电力设施的新建、扩建、修理、设计、施工、运行及维护或者管理，都应当遵守《老挝电力技术标准》 第 35 条　运行维护安全 从事电力经营的个人、法人实体或组织，应当保证运行维护电厂、电力设备的安全，例如大坝、水库、泄洪道、上电、输电线、变电站、配电线及电力设施，包括用户场地。 为了保障上述安全规定的实施，从事电力经营的个人、法人实体或组织，应当按照《老挝电力技术标准》制定运行维护安全制度，并提交能源矿产管理部门审查
第 4 条　首席工程师的提名	第 25 条　首席工程师的任命
所有权人应当分别提名负责电力设备设计、施工、运营技术事项的首席工程师，并且通知工业和手工制品部	从事电力经营的个人、法人实体或组织，应当分别提名负责电力设备设计、施工、运营技术事项的首席工程师，并通知能源矿产管理部门。 能源矿产管理部门负责决定首席工程师的任职条件及标准
第 5 条　测试与检查	第 69 条　技术检查委员会

续表

2004 年《老挝电力技术标准》（No.052/MIH）	2011 年《电力法》（No.03/NA）
所有权人在进行电力设备的设计、施工及运营时，应当接受并通过工业和手工制品部进行的测试与检查。 所有权人及根据第 4 条提名的注册工程师应当配合工业和手工制品部测试与检查	技术检查委员会由能源矿产管理部门及其他相关部门的人员构成，由能矿部部长任命，旨在保证电力设施的施工、安装、运行技术，以及环境、社会及自然保护上满足要求。 技术检查委员会在完成受托职能后即自动解散
	第 72 条　检查形式
	对电力经营的检查分为以下三种形式： （1）常规检查：根据固定时间开展。 （2）事先通知检查：计划外增加的必要检查，在检查前会事先通知检查对象。 （3）紧急检查，不作出事先通知
第 6 条　不符合技术标准救济命令	第 23 条　不符合技术标准的救济
一旦工业和手工制品部认定电力设施不符合本技术标准，有权要求所有权人修理或者修复电力设施直至符合本技术标准，暂停电力设备的使用，或者限制电力设施的经营	如果发现任何电力安装、扩建、修理、设计、施工、电力设施质量不合格，能源矿产管理部门或其委托部门有权要求电力经营者按照《老挝电力技术标准》赔偿、修理或者修复；或者命令其暂停电力设备的使用
第 7 条　报告义务	第 43 条　报告
所有权人应当就电力设施的设计、施工及运营，向工业和手工制品部报告	从事电力经营的个人、法人实体或组织，应当常规性地就电力设计、施工、运营及安全向能源矿产管理部门及当地部门提交报告

第四章 电力建设工程计价体系研究

工程计价是按照法律法规及标准规范规定的程序、方法和依据，对工程项目实施建设的各个阶段的工程造价及其构成内容进行预测和估算的行为。本章基于老挝工程造价管理基本情况，并参考了相关典型工程实践案例，开展了电力建设工程计价体系研究。

本章节的核心研究内容包括三方面：一是，简要描述老挝工程计价体系基本情况，对其工程计价原理、依据进行概述；二是，结合典型工程项目的工程计价活动，明确老挝建设工程项目的费用构成，系统梳理老挝工程计价依据文件，开展工程计价方法研究；三是，在简介工程计价信息相关概念的基础上，明确工程计价信息的种类和获取途径。本章的章节结构如图 4–1 所示。

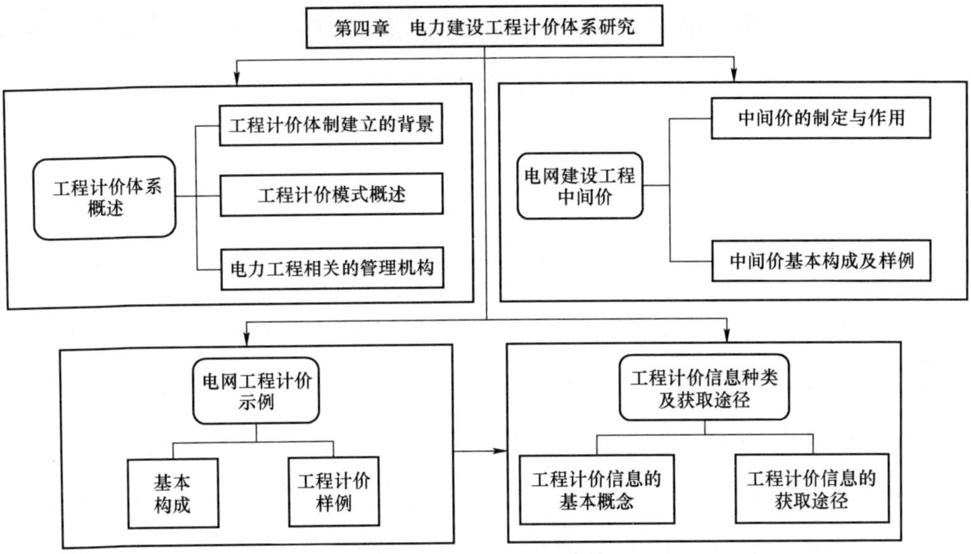

图 4–1　第四章结构

第一节　工程计价体系概述

一、工程计价体制建立的背景

老挝政府于 19 世纪 80 年代组织建设成立了老挝国家建设工程公司、勘察设计公司等服务于工程项目领域的相关企业，组织建立工程项目相关企业主要出于两个方面的目的：一方面是为老挝国内城市的规划、建设和发展能够为加速发展助力；另一方面是为了提高老挝人民对勘察设计和建设工程认识程度和认知水平。1986 年，老挝组建土木工程专业研究所，并且在万象市和其他省市建造社会公众基础设施。老挝政府借助改革开放的重点政策，强调要注重并加强与外国建设公司的合作深度与广度，从而尽快实现与国际接轨。

随着建设工程项目相关企业的建设，老挝政府也越来越重视项目工程中的管理工作，尤其是工程造价管理相关事务。虽然由于综合国力不强、起步晚、发展缓慢等阻碍，但是老挝在计价体制建设方面还是有些成效的。从 1990 年至今；由于老挝和其他境外公司合作的工程项目（如建造的住宅、路桥、写字楼和公共基础设施等）增多，间接地刺激并拉动了老挝工程项目市场的经济发展，相关经济发展指数也呈现明显增长趋势。

（一）满足工程行业发展的需求

老挝呈现出加速发展的趋势，因此在日益增多的大型工程项目的形势推动下，要加强工程计价相关管理，制定一套工程计价机制，其目的是保证工程成本管理按照具体规范实施；发展建设工程计价制度有利于建筑行业的快速发展和建筑行业的体制改革；新的建筑市场资质管理手段和方法不断提出，建筑工程的计价模式需要进行相应的改善，同时为了保证工程计价模式的完善性，政府也需要加强监督管理力度。

（二）满足建设工程造价制度形成规律的要求

精细的技术要求、繁复的施工工序及交叉杂乱的质量责任是所有建设工程项目管理的特点。所以建设工程项目管理，贯穿了项目从可行性研究，经过施工期准备、施工过程中建设到项目竣工、交付使用全过程。项目的顺利建设和项目的科学高效管理，需要项目建设参与的各方主体对建设工程项目本身要管理全面，即全方位、全过程的管理。而工程造价管理是建设工程项目中重要的环节，关系着项目参与各方的成本控制。

（三）满足建设工程造价制度问题的解决

在解决建设工程造价制度存在的问题方面，不仅要不断提高建设工程造价人员综合素质，还要关注计价模式落后等相关问题。老挝的建设工程造价制度的不断完善，能够有效地减少国家和公众利益的损失，为老挝的建设工程项目市场的良性运作提供保障。

二、工程计价模式概述

由于老挝长期受欧洲殖民影响，老挝整个国家目前暂时还没有统一的计价依据、相关标准和方法，在电力工程项目方面，工程计价方法没有统一的国家、行业或企业标准。现阶段通常都要求适用欧美标准（除非提前和老挝方商定采用中方标准），且欧美标准的要求普遍比中国标准高。针对同一个建设工程项目，尤其是电力工程方面，均由投资主体来决定计价方法和相关标准依据。老挝主要与中国、泰国等周边国家及国际组织在电力领域展开合作。国外资本投资方式主要包括 PPP（政府和社会资本合作）、EPC（工程总承包）、BOT（建设—经营—转让）、BOOT（建设—拥有—运营—移交）、优惠出口、买方信贷、卖方信贷等，这样的投资方式同时解决了老挝的资金和技术两大难题。

不过，老挝《建筑法》的第十二条规定：技术标准和单位价格是建设项目编制预算、进行监测和评估的依据。工程建设部与其他有关部门协调确定技术标准、通用技术标准和建设单位价格，经政府批准后，由有关部门作为发明人，最后确定技术标准、技术标准和单位价格。

三、电力工程相关的管理机构

老挝所有电力的相关工作均由老挝国家电力公司统一进行管理负责。老挝国家电力公司属于国有企业，对涉及老挝电力所有相关事务进行全方位、多领域的领导和监督，下设有开发部、财务部、运营维护部等诸多部门。同时，老挝国家电力公司是老挝唯一有权处理电力开发事务的机构。老挝国家电力公司的企业性质虽为国家经营，但企业依然存在一些问题和不足，资金严重短缺，技术十分落后，企业整体实力不强。老挝国家电力公司除自有电力资产以外，还拥有 4 家合资发电厂。2008 年，老挝国家电力公司依照老挝政府的指令，开展针对电力行业的相关业务进行重组，将发电业务的部门机构和相关人员、物资等作为资本基础，组建成立一家新的公司，即老挝国家电力公司公众公司 EDL－GEN（EDL－Generation Public Company）。

老挝政府规定全国的电力活动归由能源矿产部负责进行监督管理，计划投资部、水资源和环境部、国防部、公共安全部，以及地方政府等部门负责进行协调配合，确保全国电力活动合法、有序地进行。按照装机容量大小，可将老挝全国的电力企业划分为 100MW、15～100MW、100kW～15MW 和 100kW 以下四种产业规模，相应地分别由国会常委会、老挝政府、省市政府及区市计划和投资办公室负责审核批准管理。目前，老挝政府正在完善相关管理机构，协调相关管理运作机制，以便国家对电力工程项目相关领域管理变得更紧凑、更坚定、更和谐、更有效和更现代化。

（一）电力工程监督管理机构

1. 电力工程监管机构

《电力法》赋予老挝国家、省市、区能源矿产管理部门对电力行业监管的权利及义务，其他相关部门和地方政府予以配合。同时配套2004年出台的《老挝电力技术标准》，提出成立技术检查委员会的要求，技术检查委员会由能源矿产管理部门及其他相关部门的人员构成，由能矿部部长任命，对电力设施的施工、安装、运行进行检查。除了上述电力相关部门的监管外，还有外部监管，包括：国民议会根据《国民议会监管法》进行的监管，以政府根据《政府监督法》进行的监管，以及反腐败监督；政府根据《政府审计法》进行的审计监督；老挝公众监督。

2. 电力工程监管内容

相关的管理机构主要在以下几个方面，对电力相关行业以及市场参与企业，进行监督与管理。

相关机构在经营活动方面的监管主要有：电力企业经营活动是否符合规定的相关程序；电力企业经营活动是否符合规定的时间期限；电力企业经营活动是否符合行动计划；电力企业经营活动是否符合经济、技术和财务可行性研究；电力企业经营活动是否遵守法律法规及相关协议。

相关机构在标准规范方面的监管主要有：相关电力工程项目是否符合技术安全标准；生产及使用的电力设备是否符合标准；电力设施的设计、施工、安装和管理是否符合规范要求；涉事相关企业用电数据登记与记录是否及时准确。

相关机构在电力工程其他相关方面的监管：项目参与方针对缓解环境影响实施措施的具体情况；项目参与方对有关生命、健康、财产及环境影响执行损害赔偿的落实情况；相关行业及项目参与企业有关金融、政策及社会保障体制等落实情况。

（二）电力投资审批管理机构

老挝的《电力法》规定，个体、法人或组织申请从事发电、输电两类特许经营电力项目的，应当取得计划和投资部的授权、能矿部的批准并且应当遵守

《投资促进法》。其中，对于电源投资，特别规定了以下几点：

（1）装机容量大于 100MW 或拥有面积超过 10 000hm^2 水库或对环境、社会和自然具有较大影响的电力项目必须由老挝政府提交国会常务委员会审批。

（2）装机容量大于 15MW 小于 100MW 的电力项目必须由计划投资部提交老挝政府批准并经能源矿产部同意。

（3）15MW 以内电站开发权保留给老挝国民。老挝的《投资促进法》对投资划分为一般经营投资、特许经营投资和特别经济区投资三类。三类投资依次分别由工商部、计划投资部、政府办公厅负责审核批准管理。

1. 一般经营

一般经营可分为管控类经营和非管控类经营。管控类经营是指列入管控清单的一些投资，包括与国家安全、社会秩序、民族文化及社会自然环境相关的敏感行业，为保证各经济部门及社会的均衡发展，在批准投资前，按分级管理必须通过一站式投资服务办公室和投资促进管理委员会的审批。而非管控类行业是指一般开放投资的各种行业可以根据《企业法》及有关规定申请注册企业、申请经营许可证。

管控类一般经营的投资者会获得投资许可证和企业登记证，非管控类一般经营的投资者会获得一份企业登记证。此外，列在投资促进领域的非管控类一般经营，在取得企业登记证后，可以向一站式投资服务办公室申请投资促进优惠卡。投资者企业登记后，一站式服务办公室将会协助企业获得由老挝公共安全部颁发的公司印鉴及公司印鉴批准证书。其他行业特定的执照或批准证书也可从有关部门获得。

2. 特许经营

特许经营是指获得老挝政府批准，按规定开发和经营，包括经济特区、工业出口加工区、土地、矿产、电能开发、航空及电信特许经营。《投资促进法》规定了特许经营活动清单。所有特许经营的申请都直接呈交至老挝计划投资部的一站式服务办公室。特许经营审批权限如下：

（1）老挝国会就以下特许投资经营具有审批权：① 审批通过公共成分和私人成分共同投资经营中参与 200 亿基普以上的政府配套资金；② 核能工厂建设项目；③ 博彩经营和老虎机游戏机经营项目；④ 经济特区特许经营权延期；⑤ 自然保护林和国防林变更有关的经营项目；⑥ 对环境、自然、社会有严重影响的经营项目，如改变河流自然走向、搬迁户 500 户以上安置、土地特许经营权 10 000hm^2 以上及有关法律规定的其他经营；⑦ 需要给予最优惠政策的经营项目。在上述所列内容以外的投资，均应当遵守有关部门制定的法律规定。

（2）省级人民议会就以下特许投资经营具有审批权：① 根据省人民政府的提议，变更 100hm^2 以下不能自行恢复的退化林地；② 根据省人民政府的提议，单个经营变更 30～200hm^2 的秃山地；③ 根据省人民政府的提议，出租或特许经营 150hm^2 以下的不能自行恢复的退化林地给单个经营，租期和特许经营权期最高不得超过 30 年；④ 在省级对环境、自然及社会有影响的经营。

与土地特许经营权、电力能源、矿产有关的经营，适用有关法律规定。投资者将获得一份特许经营证书。企业登记后，一站式服务办公室将会协助企业获得由老挝公共安全部颁发的公司印鉴及公司印鉴批准证书。其他行业特定的执照或批准证书也可从有关部门获得。

3. 特别经济区开发经营

老挝境内的特别经济区由老挝政府专门为国内和境外投资设定。设定特别经济区的目的是鼓励基础设施发展，提高服务业、制造业，推动产能和劳动技能发展，并实现向现代科技的转型。这些区域以提供其他区域不具备的税收及关税优惠激励政策，以及宽松的行政管理吸引开发商及投资者。特别经济区可以由老挝政府独立经营或者由老挝政府与私营投资者合资经营，致力于建设可以发展商业的新型和现代化的大都市。一个特别经济区由一个行政管理委员会和一个经济委员会共同管理，且特别经济区的经济委员会主席由开发商担任。

老挝贸易主管部门为老挝工商部，下设省市工商厅、县工商办公室，主要职责是制订、实施有关法律法规，发展与各国、地区的经济贸易联系与合作，边贸及过境贸易，管理市场、商品及价格，对商会或经济咨询机构进行指导，以及对企业与产品原产地证明管理等。

（三）工程采购承包相关管理机构

根据《关于成立采购监管办公室的决定》（2004 年 11 月 4 日第 2382 号财政府令），财政部下设采购监管办公室，负责政府采购规定的全面实施。

采购监管办公室，一方面要制定有关的采购政策和流程，另一方面，要负责管理政府采购的全部事项。

（四）工程造价相关管理机构

对老挝来说，整个国家是没有统一的计价依据和标准的。不过，老挝《建筑法》的第十二条，有相应的一些规定：技术标准和单位价格是建设项目编制预算、进行监测和评估的依据。

第二节　电网建设工程中间价

一、中间价的制定与作用

（一）中间价的制定

2016 年之前，伴随老挝电力建设工程项目的大规模投资建设和工程项目全寿命周期集成的背景下，日益增加的竞争压力驱使业主和承包商主动寻求更大效益的国际工程承包项目商业模式。在这一趋势下，“工程总承包+融资”（Engineering Procurement Construction+Finance，EPC+F）这一提供融资方案的商业模式应运而生，该模式整合项目融资与承包环节，在帮助业主解决资金来源的同时，充分发挥大型国际工程承包企业在融资、设计、采购、施工的全环节竞争优势，推动了企业规模的扩张和效益的增长。

从 EPC+F 的融资方式来看，目前市场上可选的融资手段丰富多样，包括权益融资、商业贷款、两优贷款、融资租赁、特许经营项目融资等。由于之前老挝电力工程项目采取“EPC+F”模式，导致老挝电力公司存在很多隐性债务。正因为如此，承包商的投标报价普遍存在虚高的问题，老挝政府意识到此问题后，于 2016 年开始编制“老挝中间价”，该中间价集成历史项目的可行性研究报告、工程招投标信息，并参考了“泰国中间价”。该价格于 2017 年正式发布，目前的应用还不具有普遍性，正在逐步推广中。

（二）中间价的作用与目的

老挝政府制定出台了中间价，在一定程度上填补了本国在建设工程造价管理方面，对计价方法、标准和依据等相关规定上的空白。中间价的出台和使用的作用主要表现在：针对同一建设工程招标项目，与不同投资主体编制的投标报价进行比较，最终判断投标价格是否合理。如果可行，即可采用；如果不行，将选择其他投标人的投标报价。其中，世行和亚行投资的项目也包括在内。另外，中间价的出台和使用，为老挝在电力工程造价管理方面进步发展开辟了道路。

二、中间价的基本构成及样例

根据老挝中间价相关文件，现将涉及设备价格费用及其他相关费用中，高压输电线路网、中压输电线路网及低压输电线路网的基本构成及样例介绍如下。

（一）高压输电线路

（1）电线杆的价格是根据其质量来确定的，即取不同电压、导线、回路和地形所使用的悬垂电杆和耐张电杆的平均质量。同理，电线杆基础的价格也是以不同基础的平均体积来确定。架设铁塔工时费按电线杆质量计算。其中，水泥单价包含挖基坑、钢结构和工时费。钢材（输电塔）、水泥和架设杆塔工时费单价见表 4-1。

表 4-1　钢材（输电塔）、水泥和架设杆塔工时费单价表

项目	价格
钢材	1700（美元/t）
水泥	700（美元/m^3）
工时费	240（美元/h）

（2）导线。导线价格以 2016 年底实际市场价为准，含关税及运费（见表 4-2）。

表 4-2　导线价格—钢芯铝合金绞线电缆

截面（mm^2）	价格（美元）
95	500
120	700
150	800
185	1000
240	1500
410	2550
630	3300

（3）绝缘子。以导线截面和拉力的比例的平均值来确定绝缘子的价格（见表 4-3）。

表 4-3　　　　绝 缘 子 价 格 表

电压（kV）	截面（mm²）	绝缘子	
		垂悬绝缘子（美元）	耐张绝缘子（美元）
115	1×95	81	98
	1×120	102	122
	1×150	127	153
	1×185	159	191
	1×240	199	239
	1×410	248	299
230	2×240	358	430
	2×410	429	516
	2×610	515	620
500	4×240	618	744
	4×410	741	892
	4×610	890	1071

（4）光缆复合架空地线（OPGW），阻尼器、间隔棒的价格以 2016 年底实际市场价为准，含关税和运费（见表 4-4）。

表 4-4　　光缆复合架空地线（OPGW），阻尼器、间隔棒价格表

项目	价格
OPGW 24 芯	2550（美元/km）
OPGW 36 芯	2900（美元/km）
阻尼器（个）	25 美元
双分裂间隔棒（个）	50 美元
四分裂间隔棒（个）	80 美元

（5）接地的价格按导线截面、导线和接地棒数量的价格平均值来确定（见表 4-5）。

表 4–5　　　　接　地　价　格

电压（kV）	截面（mm²）	价格（美元）	
115	1×95	138	163
	1×120	146	171
	1×150	153	181
	1×185	162	190
	1×240	170	200
	1×410	179	210
230	2×240	221	260
	2×410	232	273
	2×610	244	287
500	4×240	287	338
	4×410	302	355
	4×610	317	373

（6）备件、修进场道路、系统测试费、输电塔设备费和工具转移等费用。备件的价格限制在所有设备总价的 5%以内，修进场道路、系统测试、采购输电塔设备和工具转移等价格是根据老挝电力公司以往做过工程的价格汇总得来（见表 4–6）。

表 4–6　　　　修进场道路、系统测试、设备费、工具转移费

项目	价格（美元/km）					
电压	115kV		230kV		500kV	
地形	平原	山区	平原	山区	平原	山区
进场道路	15 000	19 000	16 000	20 000	17 000	21 000
系统测试费	80	80	90	90	100	100
输电塔设备	400	400	500	500	600	600
工具转移费	350	350	350	350	350	350

（7）工时费。道路清障工时费参考老挝电力公司以往做过的工程的平均价格，分别是平原地区 0.035 美元/m^2 和山区 0.05 美元/m^2。不同类型电压输电线路的标准分别是：115kV：25m，230kV：40m，500kV：70m。架设 OPGW

光缆工时费根据导线截面来确定。

（8）运输费。建设高压电网的运输费是根据老挝电力公司以往做过工程的实际造价平均值和比较其他行业的价格来确定的，分别是平原地区：150美元/（t・次），山区 200 美元/（t・次）（每次运输以 200km 为基础，如果项目地小于或大于该距离，平原以每 20km 加减 15 美元/t 计，山区以每 20 公里加减 20 美元/t 计）。

（二）中压电网

中压电网设备价格参考 2016 年底实际市场价。

1. 一般设备价格（见表 4–7）

表 4–7　　中压电网一般设备价格

设备清单	价格（万基普）
12m 水泥杆（根）	120
水泥电缆管 100mm × 100mm，长 2250mm（个）	12.5
拉杆 50mm × 8mm × 750mm（个）	1.5
立式灯泡 24kV（套）	8.75
绝缘子 24kV（套）	7.5
钢筋（m）	0.045
基座 L 40 × 40 × 5 × 3000mm（个）	30
铝线夹（个）	2.2

2. 螺栓价格（见表 4–8）

表 4–8　　中压电网螺栓价格

规格	价格（基普）
16 × 150mm（个）	4500
16 × 250mm（个）	5000

续表

规格	价格（基普）
16×350mm（个）	6250
16×450mm（个）	17 500
16×450mm（个）	28 750

3. 导线价格（见表4–9）

表4–9　　中压电网电线价格

电线规格	价格（基普）
SC/AC　3/2.75mm²（m）	2000
钢芯铝合金绞线（ACSR）　25mm²（m）	2000
ACSR　35mm²（m）	2500
ACSR　50mm²（m）	3750
ACSR　70mm²（m）	5000
ACSR　95mm²（m）	6250
ACSR　120mm²（m）	8750
ACSR　150mm²（m）	11 250
ACSR　185mm²（m）	12 500
ACSR　240mm²（m）	15 500

4. 耐张线夹价格（见表4–10）

表4–10　　中压电网耐张线夹价格表

耐张线夹规格	价格（基普）
5mm（套）	62 500
70mm（套）	62 500

续表

耐张线夹规格	价格（基普）
95mm（套）	62 500
120mm（套）	87 500
150mm（套）	87 500
185mm（套）	87 500
240mm（套）	87 500

5. 拉线价格（见表 4–11）

表 4–11　　中压电网拉线价格表

中压电网拉线明细	价格（万基普）
$1 \times 35mm^2$（套）	97
$1 \times 50mm^2$（套）	118
$1 \times 70mm^2$（套）	135
$1 \times 95mm^2$（套）	196

6. 保护装置价格（见表 4–12）

表 4–12　　保护装置价格表

保护装置明细	价格（万基普）
避雷针（个）	15
避雷金属导线（钢筋 $1 \times 25mm^2$）（m）	0.1
接地棒（个）	5
防雷器 24kV，10kA 套（3 只）	185
保险丝 27kV 套（3 只）	212.7
跌落式熔断器 24kV 10kA 套（3 只）	120
低压空开（开关 0.4kV）套（3 只）	30

7. 水泥、砂石料价格（见表 4–13）

表 4–13　　水泥、砂石料价格

项目	价格（万基普）
水泥（袋）	4
石料（立方米）	15
砂子（立方米）	10

8. 建设和安装工时费（见表 4–14）

表 4–14　　中压电网建设和安装工时费

22kV 电网建设和安装工时费	价格（万基普）
导线截面 25～70mm^2（km）	1912
导线截面 95～150mm^2（km）	2044
导线截面 185～240mm^2（km）	2283

9. 运输费

中压电网设备运输费参考现在实际市场平均价（见表 4–15）。

表 4–15　　中压电网电杆、设备的运输费

项目	平原	半平原	山区
运输 12m 电杆［基普/（根·次）］	40 万	55 万	65 万
运输设备［基普/（km·次）］	500 万	800 万	1000 万

注　每次以 200km 为基础，如果项目地小于或大于该距离，则每 20km 加减 10%。

（三）低压电网

建设低压电网所需设备价格参考 2016 年底实际市场价。

1. 一般设备价格（见表 4–16）

表 4–16　　低压电网一般设备价格表

设备	价格（万基普）
8m 水泥杆（根）	50
绝缘子（机架 4 线轴）（套）	15
钢筋导线（m）	0.045
铝线夹（个）	0.75
螺栓 16×200 mm（个）	1.2
铁芯铝锚杆 1×35mm^2（套）	97

2. 导线价格（见表 4–17）

表 4–17　　低压电网电线价格表

电线规格	价格（基普）
AL 电线 16mm^2（m）	2000
AL 电线 25mm^2（m）	2250
AL 电线 35mm^2（m）	2500
AL 电线 50mm^2（m）	3750
AL 电线 70mm^2（m）	5000
AL 电线 95mm^2（m）	10 000

3. 水泥、砂石料价格（见表 4–18）

表 4–18　　水泥、砂石料价格表

项目	价格（万基普）
水泥（袋）	4
石料（m^3）	15
砂子（m^3）	10

4. 工时费和运输费（见表 4–19）

表 4–19　　工时费和运输费

项目	价格（万基普）
建设和安装费（km）	1323.5
运输 8m 水泥电杆（根/次）	30
运输设备（km/次）	500

注　每次是指以 200km 为基础。如果项目区小于或大于该距离，则平原每 20km 加减 10%，在半平原地区则乘以 1.6 的系数，山区乘以 2 的系数。km/次是单位公里运输施工用设备的计算单位。

（四）变压器

1. 一般设备价格（见表 4–20）

表 4–20　　变压器一般设备价格表

设备明细	价格（万基普）
12m 混凝土电杆（根）	120
电缆管 10×100×2500mm（个）	12.5
拉杆 750×40×6mm（个）	1.5
绝缘子 24kV（套）	8.75
跌落式熔断器 10kA，24kV（套，一个）	40
防雷器 10kA，24kV（套）	185
变压器 C 型铁心（个）	50
C 型铁心 带保险丝（LA）（个）	15
U 型螺栓 固定变压器底部（个）	0.5
低压空开（开关 0.4kV）（套，一个）	15
接地棒 16×1800mm（个）	5
镀锌线 50mm^2（m）	0.9
金属线（m）	0.045

2. 变压器价格（见表 4–21）

表 4–21　　变压器价格表

明细	价格（万基普）
变压器 30kVA/22/0.4kV（台）	1000
变压器 50kVA/22/0.4kV（台）	1100
变压器 30kVA/22/0.4kV 3PH（台）	1125
变压器 50kVA/22/0.4kV 3PH（台）	1950
变压器 100kVA/22/0.4kV 3PH（台）	2750
变压器 160kVA/22/0.4kV 3PH（台）	3875
变压器 200kVA/22/0.4kV 3PH（台）	4375
变压器 250kVA/22/0.4kV 3PH（台）	4625
变压器 315kVA/22/0.4kV 3PH（台）	5875
变压器 400kVA/22/0.4kV 3PH（台）	6875
变压器 500kVA/22/0.4kV（台）	8125
变压器 1000kVA/22/0.4kV（台）	10 000

3. 螺栓、PVC 管价格（见表 4–22）

表 4–22　　PVC 管价格表

明细		价格（基普）
螺栓	螺栓 16×150mm（套）	4500
	螺栓 16×250mm（套）	5000
	螺栓 16×350mm（套）	6250
铝线夹	铝线夹 16/70（个）	7500
	三螺栓 70–185 铝线夹（个）	8750
合金线鼻子	合金线鼻子 35mm^2（个）	12 500
	合金线鼻子 70mm^2（个）	13 000

续表

明细		价格（基普）
合金线鼻子	合金线鼻子 95mm²（个）	15 000
	合金线鼻子 120mm²（个）	20 000
铜鼻子	铜鼻子 10（个）	4000
	铜鼻子 16（个）	5000
	铜鼻子 70（个）	25 000
	铜鼻子 95（个）	25 000
	铜鼻子 120（个）	37 500
	铜鼻子 240（个）	42 500
	铜鼻子 10－8（个）	13 000
	铜鼻子 35－12（个）	37 500
PVC 管	25mm PVC 管（根）	30 000
	40mm PVC 管（根）	45 000

4. 变压器控制柜价格（见表 4－23）

表 4－23　　变压器控制柜价格表

明细	价格（万基普）
变压器控制柜 30kVA（套）	50
变压器控制柜 50kVA（套）	62.5
变压器控制柜 30kVA（套）	100
变压器控制柜 50kVA（套）	125
变压器控制柜 100kVA（套）	175
变压器控制柜 160kVA（套）	225
变压器控制柜 200kVA（套）	250
变压器控制柜 250kVA（套）	287.5
变压器控制柜 315kVA（套）	325
变压器控制柜 400kVA（套）	375
变压器控制柜 500kVA（套）	400

5. 水泥、砂石料价格（见表 4-24）

表 4-24　水泥、砂石料价格表

项目	价格（万基普）
水泥（袋）	4
石料（m^3）	15
砂子（m^3）	10

6. 工时费（见表 4-25）

表 4-25　工　时　费

项目	价格（万基普）
30～160kVA（套）	1139
200～250kVA（套）	1351
315～400kVA（套）	1502
500～1000kVA（套）	1923

7. 运输费（见表 4-26）

变压器建设和安装期的设备运输费参考现在的实际市场价。

表 4-26　运　输　费

项目	价格（万基普）
变压器 30～160kVA（台/次）	50
200～250kVA（台/次）	80
315～400kVA（台/次）	150
500～1000kVA（台/次）	200
设备运输（台/次）	100

注　以平原地区每 200km 为基础。如果项目地小于或大于该距离，则每 km 加减 10%，在半平原地区则乘以 1.6 的系数，山区则乘以 2 的系数。

第三节 电网工程计价示例

一、基本构成

对老挝来说，整个国家是没有统一的计价依据和标准的。现阶段，按照已有工程实践经验、国内电力工程费用构成及国际惯例，在老挝境内承揽的电网工程项目工程计价（Estimate Cost）已经形成一套具备可操作性、较完备的计价体系。但不可忽略的是，不同投资主体均可按照其方式进行投标报价。

二、工程计价样例

本部分内容将以老挝某线路工程为例（工程计价表见表 4-27），给出其工程计价表，并给出一套完整的成本估算，我们可以了解到在老挝本国开展电力工程建设项目中，关于工程造价管理方面的相关情况。工程计价子目相对较多，也未形成体系化，老挝的电力工程造价管理方面仍有很大的进步空间。

目前，老挝在电力工程造价管理方面的工作还很欠缺，但是老挝政府结合以往历史电力工程项目，以及与别国、国际组织已完成的电力合作项目，总结经验，积极从事相关研究，进而提高老挝的电力工程造价管理及其他相关项目管理的水平和效率，为老挝发展电力工程项目建设提供保障。

表 4-27　　某项目工程计价表　　单位：美元

编号	项目描述	单位	数量	设备/材料		安装/人工		合计
				单价	小计	单价	小计	
A	传输线							
1	塔							
1.1	双回路直线塔	个数						
1.2	双回路转角塔	个数						

续表

编号	项目描述	单位	数量	设备/材料		安装/人工		合计
				单价	小计	单价	小计	
2	导线和地线							
2.1	导线 LGJ－630/45	km						
2.2	地线 JLB23－80	km						
2.3	光缆 OPGW（36 芯）	km						
3	绝缘和配建							
3.1	直导线双绝缘子串	串						
3.2	应变导线双绝缘子串	串						
4	接地圆钢							
4.1	接地棒带有连接线和线夹（每套 4 件）	套						
5	基础							
5.1	双回路直线塔	个数						
5.2	双回路转角塔	个数						
6	进场道路	km^2						
B	Saravan 变电站扩建							
1	230kV 开关装置							
1.1	245kV 断路器	套						
1.2	隔离开关	套						
1.3	带接地开关的隔离开关	套						
1.4	电流互感器	件						
1.5	电容式电压互感器	件						
1.6	避雷器	件						
2	控制和继电保护系统							
2.1	控制系统							
2.1.1	230kV TL 间隔控制	套						
2.2	保护系统							
2.2.1	230kV 线路馈线保护	套						
3	接地避雷保护和接地系统	批次						
4	基于计算机的变电站控制系统（CSCS）	批次						

续表

编号	项目描述	单位	数量	设备/材料		安装/人工		合计
				单价	小计	单价	小计	
5	电力电缆	批次						
6	控制电缆	批次						
7	安装和测试	批次						
8	其余部分和特殊工具	批次						
9	土建工程	批次						
C	Mahaxai 变电站扩建							
1	230kV 开关装置							
1.1	245kV 断路器	套						
1.2	隔离开关	套						
1.3	带接地开关的隔离开关	套						
1.4	电流互感器	件						
1.5	电容式电压互感器	件						
1.6	避雷器	件						
2	控制和继电保护系统							
2.1	控制系统							
2.1.1	230kV TL 间隔控制	套						
2.2	保护系统							
2.2.1	230kV 线路馈线保护	套						
3	接地避雷保护和接地系统	批次						
4	基于计算机的变电站控制系统（CSCS）	批次						
5	电力电缆	批次						
6	控制电缆	批次						
7	安装和测试	批次						
8	其余部分和特殊工具	批次						
9	土建工程	批次						
D	2 光纤通信重传							
1	通信系统	个数						
2	其余部分和特殊工具	批次						

续表

编号	项目描述	单位	数量	设备/材料		安装/人工		合计
				单价	小计	单价	小计	
3	测试调试线路	批次						
4	土建	批次						
E	小计（A+B+C+D）							
F	设计费							
G	环境影响评价、社会影响评价和人工							
H	小计（E+F+G+H）							
I	不可预见费							
J	不含融资成本的项目成本							

第四节　工程计价信息种类及获取路径

一、工程计价信息的基本概念

（一）信息

信息是现代社会使用最多、最广和最频繁的词汇，在人类社会的各个方面和各个领域被广泛使用，并在自然界的生命现象与非生命现象研究中被广泛应用。按照狭义的理解，信息是一种消息、信号、数据或资料；按照广义理解，信息被认为是物质的一种属性，是物质存在方式和运动规律与特点的表现形式。在工程造价管理领域，信息也有它自己的定义。

（二）工程计价信息

工程计价信息是一切有关工程计价的工程特征、状态及其变动的消息的组合。在工程建设过程中，工程造价总是不停地运动着、变化着，并呈现出种种不同特征。从广义上讲，所有对工程造价的计价过程起作用的资料都可以称为工程计价信息。最能体现信息动态性变化特征，并且在工程价格的市场机制中发挥重要作用。工程计价信息主要包括价格信息、工程造价指数和工程造价指标三类。

工程计价信息是指工程造价管理机构发布的建设工程人工、材料、工程设备、施工机具的价格信息，以及各类工程的造价指数、指标等。大体上来看，老挝的电力工程计价信息可分为二类：一是企业采取市场询价的方式获得一手数据资料；二是参考相关第三方咨询机构或行业组织机构发布的造价数据信息等资料。

二、工程计价信息的获取途径

（一）市场询价

采取市场调研和询价的方式是众多企业获取工程设备材料价格的关键途径，主要包括：一是走访调研当地的市场，获取价格信息；二是在第一种方式的基础上，聘请第三方咨询机构进行市场询价；三是，向当地的分包企业进行价格询问，从而获取设备材料价格信息。

市场询价的资料至少应当包含建材市场及其价格、人工日工资标准、施工台班价格、运输价格、施工用水和用电、副食品价格、汇率等模块。值得一提的是，未提及材料、机械、人工消耗量的问题，是因为：一方面，若是援外项目，中华人民共和国商务部对外经济合作局颁发了《援外成套项目概算编制办法》（征求意见稿）中规定了，编制概算时不同项目类型使用相应的系列定额，这也就决定了其消耗量的数量；另一方面，我国的企业在国际型项目中大部分为以施工单位或者总承包单位的角色参与，因此企业内部一般有相应的完整企业定额，为协助读者更了解相关具体询价工作，本书列举了市场询价清单和市场询价一览表。

1. 市场询价的内容

对项目所在地区范围内的材料、设备、人工、机械、各项税费等价格进行搜集和询价，具体可参考如下内容。

（1）当地已完成的工程的（各类型工程、各阶段的造价数据）。

（2）各类钢材的市场价格，确定是从当地采购还是从中国进口。

（3）木材、水泥、混凝土、砖、瓦、灰、砂、石、模板、脚手架等市场价格，确定从当地采购或从中国进口。

（4）门窗、五金、装饰材料、保温材料等市场价格，确定从当地采购或从中国进口。

（5）当地的汽油、柴油等燃料价格。

（6）国际运输及当地运输的集装箱容积、载重标准、价格。

（7）当地各种材料、设备的供应能力、销售价格。

（8）近三年当地材料的增长幅度。

（9）当地物价水平。

（10）国内施工人员与当地用工人员比例，工效比。

（11）当地用工来源，各工种及专业技术人员工资等级、工资标准、平均月工作天数、全年节假日天数。

（12）当地水、电费（包括生活用水用电及施工用水用电价格）收费标准。

（13）当地二类费取费标准，包括水、电开口费等。

（14）当地货币的汇率、贷款利息及近三年的变化情况。

（15）当地对建设工程保险费的收费标准。

2. 市场询价表样例

根据上述询价内容，本书制定了市场询价表，如表 4–28 所示。需要注意的是，具体的询价内容还需要结合项目基本情况。

表 4-28　　市场询价一览表（土建类）

名称		单位	类别	价格	供货方式	产地	运费
一	人工单价						
1	当地工人单价（综合）	工日	人工费				
2	国内劳务派遣当地人工单价	工日	人工费				
3	当地工人单价（普工）	工日	人工费				
二	材料单价						
	砂石料及气体类						
1	白灰	kg	材料费				
2	白灰膏	m^3	材料费				
3	白水泥	kg	材料费				
三	钢筋型材类						
1	钢筋	t	材料费				

（二）第三方机构或行业组织公开发布的信息

1. 第三方咨询机构的出版物

比如大多数测量师行、第三方咨询公司［例如凯迪思公司（ARCADIS）］和一些大型的工程承包商［例如鲍维斯林德（Bovis Lend Lease）］都会收集并发布造价信息，并建立企业自身的价格信息库，这是企业投标报价的重要依据。承包企业的信息一般供公司内部使用，不对外公布，并作为企业的重要机密严格保密。此外，第三方咨询机构的信息同时向社会有偿提供工程造价信息服务。这些信息大都以市场价格为基础，并贴近于工程实际，是准确确定工程造价的基础。

以凯迪思公司为例，每年度会发布《建设工程造价手册（Constrcution Cost Handbook）》，侧重于亚洲主要城市的建筑工程造价及成本概况。《建设工程造价手册（Constrcution Cost Handbook）》主要包括建设项目造价数据、一般建筑数据、物业投资、商业环境以及其他信息 5 部分内容。

2. 专业团体或机构的出版物

以咸宁谢（Langdon&Seah）公司为例，作为一家亚洲国际建筑咨询公司，其在13个国家独立经营，拥有39个办事处，员工资源近3000人。Langdon&Seah发布的《SPON’S ASIA PACIFIC CONSTRUCTION COSTS HANDBOOK》，里面涵盖关于建筑业概况、建筑业产值、行业结构和特点、客户和财务、劳动力价格、材料价格、近似估算、开发控制和标准及建筑造价数据等内容。

第五章 电力工程投资风险及应对策略

本章节的核心研究内容包括三方面：一是，从投资吸引力、电力投资需求以及投资管理模式分析等三方面入手分析老挝电力投资重点与方式；二是，识别电力工程投资造价风险因素，构建风险因素清单；三是，提出电力工程投资造价风险因素的应对策略。本章的章节结构如图 5-1 所示。

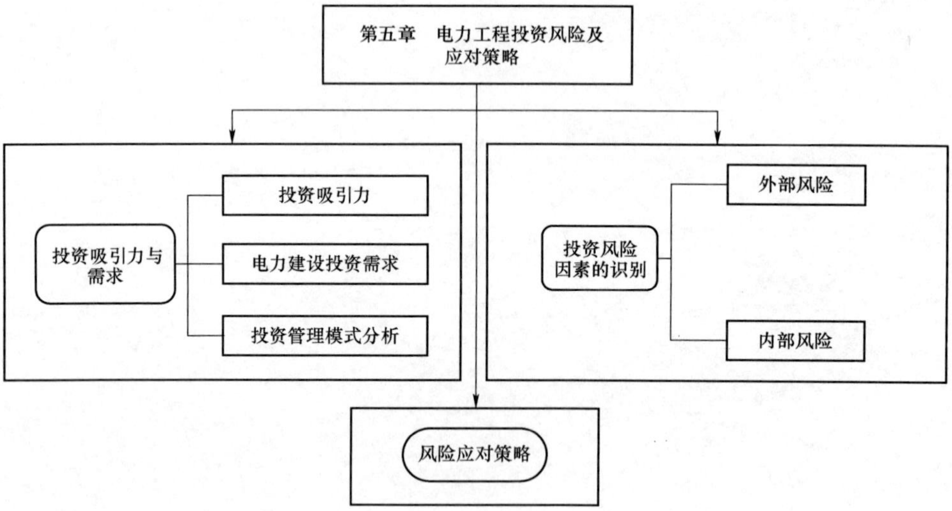

图 5-1 第五章结构

第一节 投资吸引力与需求

一、投资吸引力

老挝是东南亚地区唯一的内陆国家，而东南亚国家是中国周边环境的重要组成部分，是“一带一路”的关键节点之一。老挝的独特区域位置决定了其开拓发展贸易合作的必要性和重要性。在“一带一路”倡议下，同时随着“能源互联网”以及“互联互通”等技术、政策的加速推进与实施，境外投资老挝的电力工程项目与日俱增，为老挝政府在电力工程领域实施“引进来”与“走出去”带来了新的机遇，也指明了新的路径。现已经有许多中国电力企业、相邻的东南亚其他国家，甚至是国际组织在电力贸易、投资等方面在老挝展开投资合作。专业的电力工程管理是电力工程项目市场良性发展的重要支撑和基础，与工程造价管理相关的技术和标准一同作为专业技术体系的一个重要组成部分，在投资确定与控制方面发挥重要作用。

二、电力建设投资需求

随着老挝政府在深化改革与对外开放的力度不断加强，老挝的经济发展状况也越来越好，必然会在电力需求量方面有增高的趋势。基于老挝国内经济发展情况来看，电力主要是用于加工业、矿石开采业、各类服务行业、城市供电及农村用电发展计划。老挝政府部门出台了《老挝战略规划》，明确了要集中扩展全国电力供电网，尤其是开发区和边境地区电力网建设的发展目标；制定了继续调研可以修建大规模水电站地点的发展策略。

老挝的河流众多，且河网密集，水能储备非常的丰富。老挝政府非常重视本国的水电资源开发，并希望借此为老挝实现摆脱国家贫困和逐步实现工业化提供战略依托。目前老挝国内需要有统一的电网系统，使电源可在地区间调配，进而可使老挝全国有充足的电力支持社会经济的发展，并实现电力产业对老挝经济发展发挥更大的作用。同时电力系统的完善，可以使老挝人民的整体利益得以大幅度提升。通过中国电力企业对老挝的建设投资，老挝电力部门也可以获得管理高电压等级电网的经验，带动电源和其他一些基础设施的建设工作，并且可以进一步增加老挝国内的就业水平。正是因为老挝电力资源的可开发潜力大，电力工程项目合作对老挝来说是迫切需要的。

三、投资管理模式分析

通过以上对老挝投资政策环境的介绍，以及老挝与东南亚主要国家在相关法律法规和工程计价方法等方面的对比分析，整理出以下几种适合我国企业开拓老挝电力市场的承包模式。

（一）“EPC+F”模式

对于亚洲地区的部分发展中国家而言，经济发展较为落后，电力项目建设资金的筹集成为政府部门（业主）最为困扰的问题。“EPC+F”（工程总承包+融资）模式需要承包商为业主解决部分项目融资款，这也逐渐成为国际电力工程投资模式发展的一个极为重要的方向。我国许多工程公司资金实力雄厚，且具备项目融资的资质与能力，可为老挝的项目业主解决资金不足这一难题，以更好地参与到泰国电力项目的建设中。

（二）“BOT+EPC”模式

该模式指一国的财团或投资人为项目的发起人，从一个国家的政府获得某项目基础设施的建设特许权，负责项目的融资、设计、建造和经营。该模式最大特点是可以获得政府许可和支持，有时还可以得到优惠政策，拓宽了融资渠道，适应于泰国等欠发达的工程市场。

（三）“F+EPC+O”模式

该模式为“融资+工程总承包+运营”，由承包商提供融资并负责运营的管理模式，适用于泰国、孟加拉国、老挝、缅甸等东南亚国家。该模式依靠承包商公司资金优势和技术优势，解决业务资金筹措困难和技术复杂等问题，同时获得电力工程的运营权，便于公司更加深入的开拓东道国市场。

（四）“PPP+EPC”模式

“PPP+EPC”模式是指在解决资金问题上融合社会资本，建设上采用工程总承包模式的组合业务模式。总承包商通过“PPP”投融资的方式介入项目，实施设计、施工、采购等实施总承包的工程。

第二节　投资风险因素的识别

现阶段，老挝电网工程一般采取“EPC+F”的工程总承包模式，工程价格主要涉及设计费、设备材料费、建筑安装费和其他费。电力施工企业在核算这些费用的同时，由于各个方面的因素影响会使计算的价格失真。如果计算出的工程报价低于成本，中标后电力施工企业将面临亏损的巨大风险。

我国电力工程相关企业承包老挝电力工程项目，面临政治风险、政策风险、自然风险、技术风险、供应风险、施工风险等多种风险构成的复杂的计价风险，我国开展国外承包工程项目过程中，针对各类风险积累了丰富的经验，但仍需加强技术标准、工程计价技术与方法研究等方面的研究。上述风险的来源主要有三方面：一是国际环境层面，包括经济全球化发展不平衡加剧了世界经济发展矛盾和冲突频发、金融危机给对外投资带来直接挑战、全球产业重构对中国投资流向的冲击等；二是政府层面，主要表现在国内立法滞后、海外投资保险制度缺失、双边或多边投资协定的实际效果较弱等；三是是企业自身原因，主要是企业自身风险防范意识和能力薄弱、海外投资经验不足、投资领域过于集中带来的风险集中度高等。

识别和分析工程投标价格组成中的各个方面的风险并加以规避和防范，企业才能在“走出去”的第一步迈得更加稳健和扎实。从外部（政治、经济、法律）、内部（财务、管理、工程总承包模式工程计价）两个维度综合来看，老挝电力工程计价风险水平中等偏高，未来风险展望较为稳定。因此，应在结合老挝实际情况的基础上，识别出老挝电网工程计价主要风险。

一、外部风险

（一）经济风险

虽然老挝经济发展速度比较快，但是老挝目前依然被联合国界定为最不发达的国家之一。在老挝投资的企业面临的经济风险主要指宏观经济风险，例如全球性的经济危机。经济的不景气会对社会经济活动造成一定的影响，从而传导到电力的消费。国家财政政策和货币政策的变动（包括利率的变动、税收的变动等）也会影响投资。此外，近年来人民币有长期升值压力，境外投资时也就存在较大的汇率风险。

（二）政治风险

现阶段，老挝的法制法规建设还处于摸索阶段，老挝的电力行业都还缺乏鼓励外国投资的法律法规。在实际的国外投资过程中，时常发生政策变化和政府干预的情况。这种情况一旦发生，将极大地影响投资项目的进展，因此政治环境的局限性需要引起投资方的足够重视。另外，老挝和中国国民的思想观念、社会的发展程度等都有较大的不同。一些中国的企业进入老挝后由于缺乏对人文环境的考察，引起了一些文化碰撞，使得投资项目进展非常缓慢，有些甚至搁浅。因此，面对两国文化方面的差异，需要中国企业在投资过程中更加谨慎。

（三）用工风险

在人力资源方面，虽然老挝劳动力成本比国内低，但劳动力素质总体偏低，尤其是技术劳动力严重不足。缺乏训练有素的专业人员，会使项目不能取得应有的经济效益。并且由于当地人文原因，老挝工作时间及强度远低于我国劳工现有工作情况。同时，老挝劳动社会福利部于 1999 年 3 月颁布实施《外籍劳工引进和使用管理决定》。该决定规定对老挝务工人员在技术方面设定了一定的要求，同时涉及我国劳工对外输出的因素，将在一定程度上提高项目人员成本，拉长项目周期。

（四）市场环境风险

老挝工业发展比较落后，重工业原材料生产更是有待提高。由于电力工程建设的特性，需要大量的电缆及耗材，能否成功地就地取材将直接影响到工程的成本及施工时间。老挝国内目前已有和在建的电源仅占可开发资源的 22%，余下的 78%可开发资源虽然签订了谅解备忘录，却迟迟无法进入建设阶段，这是由于老挝国内输配电网络还不够完善。可见，电网基础建设水平在很大程度上制约了老挝经济的发展。电力项目运行之后，电费的回收问题也会对企业的整体投资产生很大的影响。考虑到老挝还属于经济欠发达国家，偿债能力较低，可能会出现电费回收困难。另外，市场需求与供给的变化也会使电力项目的预期收益受到影响。

（五）自然环境风险

地震、台风、洪涝等灾害，都属于自然环境风险，是不可抗力风险。发生极端的天气变化，不仅会影响到供电的能力和用电用户的利益，也会对投资企业产生很大的影响。在如今全球气候恶劣，自然灾害频发的阶段，自然条件的因素不得不成为企业考虑的一大重点。近年来，老挝的台风灾害、河流灾害使老挝国内的经济损失较严重。因此，对于电力投资这一基础设施投资来说，不可抗力的因素需要企业引起高度的重视。

二、内部风险

（一）财务风险

目前，我国企业在“走出去”战略实施过程中，虽然政府在资金方面给予了企业很大的支持，但是对“走出去”战略配套的税收、海关和金融支撑体系还不够成熟。企业境外投资融资渠道也比较狭窄，在不同的投资方式的融资中也面临着不同的问题，我国的金融机构在项目融资方面提供的业务形式还不能满足企业境外投资的需要。

（二）管理风险

管理风险是企业在经营管理过程中出现的失误所带来的风险。中国企业在老挝的电力投资不仅涉及国内企业的管理，也涉及境外投资的企业的管理。由于在境外投资设立的企业处于初级阶段，一个团队的管理是否成功直接影响着企业的经济效益。此外，在电力投资这个特殊的领域，老挝政府很难会让国外的公司进行全权控制，不可避免地会出现两个国家的管理人才共同管理的情况，这样也加大了公司的管理难度。公司的项目决策、实施和监督等过程都会增加企业投资的管理风险。

（三）设计风险

设计工作是整个建设工程的龙头，设计质量的好坏关系项目投标的成败。设计给投标带来风险的因素主要有以下几个方面：一是，工程规范理解程度的影响，老挝电力工程建设技术规范由日本、韩国以及欧洲等国家协助完成，设计人员如果对技术标准不吃透，后期设备材料参数不准，一方面造成后期设备材料价格相应不准确，另一方面即使后期中标在设计方案和图纸审批阶段很可能不能通过业主的审核。二是，设计费用计算标准高的风险。由于我们国家的设计取费是按照国家发改委、建设部颁发的《工程勘察设计收费管理规定》的要求，以工程整体造价作为取费基数，乘以相应的费率计算得出。在老挝，由于价格组成因素多、基数大，按此标准取费的话，设计费用将表现的不够精准。

（四）采购风险

设备材料在 EPC 环节中占用重要的比重，采购方面存在风险主要包括：一是，设备材料询价高的风险；二是，设备厂家提交资料不齐全风险。老挝电网工程一般以 EPC 方式招标，设备厂家做的工作有出具授权书、填写技术参数表、提交业绩证明和产品样册。

（五）施工因素

施工费用的高低对整个工程计价起到非常重要的作用。影响施工报价的风险因素主要有以下两点。一是，施工方案不合理。电力施工企业根据施工方案里的资源配置和相应的资源使用时长，结合掌握的价格信息，计算工程价格。如果工程组织方案不合理，就失去了计价准确的基础。二是，对当地市场的调查不全面深入，从而使价格信息采集错误。

（六）工程款延迟支付风险

尽管老挝的《财政预算法》要求使用财政预算的有关政府部门，要制定和提交年度采购计划作为财政资金申请的基础，但是年度采购计划、财政预算、实际采购及采购资金之间，并不存在一个强有力的实施机制。在为老挝财政预算项目及老挝国企项目的承包商提供法律服务的过程中，发现合同付款往往无法到位，业主在一个财年内需要不断地申请财政预算调整。即使项目立项时已经申请到财政资金，到合同付款时可能这笔资金已经用在了其他项目上。另一个需要注意的事项是，老挝国企业主签署合同时可能不会顾及实际资金是否到位，因为只要有财政拨款，采购主体就可以得到签署合同的授权。基于此，在签署合同前，采购方只需判断项目是否得到财政拨款，而老挝财政资金总是匮乏，导致老挝的财政资金项目存在严重的延迟付款问题。

（七）工程融资担保风险

1. 承包商垫资风险

从外部来看，“垫资”对承包商来说，最直接的风险在于不具备资金保障的情况下垫资施工所产生的垫资风险。如果业主最终融资失败，承包商将面临无法收到工程款的巨大风险。而且，由于融资所需时间往往较长且具有不确定性，承包商在垫资开工时很难预估最终的垫资金额和垫资时长，如果承包商先行垫资开工而业主迟迟不能完成融资，承包商将面临进退两难的境地。如果承包商选择停工，会导致项目无法实现商业运营、彻底失败，除了投资人已注入的注册资本金，承包商很难再获得其他工程款；而如果承包商继续垫资施工，又将面临无底洞般的资金投入而难以脱身，更加大了垫资风险。

从内部来看，作为总承包商，工程的设计、施工、监理、物资等通过采购完成，在其情况下，承包商不仅面临收不回工程款的风险，还面临向各个分包商付款的财务压力。

2. 开工合法性风险

在老挝施工，现场开工前都必须获得政府主管部门颁发的施工许可，没有施工许可即开始施工将面临违法风险，可能会被政府部门处以罚款并勒令停工，严重的可能导致刑事责任。虽然获得开工所需审批许可文件通常为业主的责任，但承包商在业主获得施工许可前进场施工，同样可能面临法律障碍、承担法律责任，一旦遭遇老挝政府机构的处罚，无论是承包商还是业主都难辞其咎。

第三节 风险应对策略

通过对老挝电力工程造价管理研究，国家相关单位应针对不同国家开展尽职调查工作，为电力工程计价工作提供准确、可靠的数据来源及可靠的工程实践信息，以期全面、客观地评价沿线国家的投资前景，加强工程计价方法和数据积累，推进境外工程项目管理绩效的持续改善。针对不同国家和地区的电力市场现状及对未来发展趋势进行评价分析，建立起长期、动态跟踪分析机制，从而更科学合理指导我国电力工程相关企业进入目标国际电力工程市场的计价实践工作。针对境外电力工程承包业务特点，按照“一带一路”沿线典型国家或地区的输变电发展水平、市场格局、技术标准认证、业绩资质要求、本土化程度等市场特征进行长期持续跟踪，并在系统内工程承包单位间进行信息共享，为相关业务决策提供支撑。

聚焦开拓境外目标市场及重点项目实时情况。中国电力企业应该积极践行“一带一路”倡议，在不断“走出去”的背景下，应该注重在经济新常态下，更多地关注东南亚相关国家市场发展与变化，及时地掌握市场动向、政策方向等，来调节企业经营战略，并不断地提升全球化战略的地位，将其在企业战略调整中不断细化，提升对东南亚等国家和地区市场的出口战略可行性与严谨性。构建和完善对东南亚相关国家和地区电力工程市场的动态跟踪分析机制。针对国际电力工程业务特点，对东南亚地区和发达市场的输变电发展水平、市场格局、技术标准认证、业绩资质要求、本土化程度等市场特征进行长期持续跟踪，为工程计价决策提供支撑。

随着“一带一路”参与国家的数量增加、参与活动范围扩大，我国的全球影响力也持续增强。在“一带一路”国家中，东南亚国家的经济吸引力均大幅提升，大湄公河次区域内国家的投资吸引力最为明显。通过对老挝基本国情及电力工程项目建设市场和相关管理现状分析，尤其是老挝的电力工程项目造价管理的分析研究，针对老挝电力工程投资造价风险提出以下应对策略。

一、完善相关金融政策

在现有政策条件下，完善“走出去”战略中所需要的配套金融政策，并贯彻落实这些政策，使得它们能够发挥政策功能，给“走出去”企业提供一个坚实的保障。我国的政策性银行特别是进出口银行则需要制定相关合理的企业融资方案，给企业的投资提供可行的优惠政策，有效降低融资成本。另外，有能力的保险公司也可以提供可行的保险条约，分担一部分的汇率风险、政府违约风险等。

二、构建投资风险预警系统

在投资项目运行过程中，可以通过构建投资风险预警系统加强工程项目的风险管理。由于在企业投资项目建设中，情况在不断地变化，风险因素也就不会一成不变。新的风险可能出现，旧的风险可能消失。在风险识别之后，则需要进行风险分析与评价。对识别出的风险进行主观和客观的分析之后，进行定量和定性分析，提出减少、转移或者消除风险损失的办法。在整个风险管理过程中，还需要不断地进行风险监控，跟踪各个项目指标的风险因素，及时对风险管理措施进行修订。通过构建投资风险预警系统，对投资项目进行整体的风险管理，有效规避投资风险。

三、保证投资团队的专业性

由于电力项目投资资金非常庞大，跨国投资也和两个国家之间的政治关系有着密切的联系，因此企业在选择投资项目的各个团队时应该更加谨慎，一个团队的专业性直接影响着整个项目的成功率。本书中提及的团队是指参与投资工程项目建设的各方，包括业主、承包方、材料供应商、咨询公司、监理单位等。在团队的选择过程中，要选择有丰富经验的团队和有丰富经验的管理人员，以保证项目能够顺利地完成。

四、争取老挝政府对电力项目更多的支持

出于对老挝的电力行业现状和地理环境的考虑，并结合老挝电力投资项目的实施周期长、投入金额大、技术要求高、作业环境复杂等特点，为了保障投资项目的顺利实施和双方的共同利益，中国投资方应该更多地争取老挝政府在项目中的支持。例如，争取取得老挝存量资产的使用权以减少项目成本，向老挝政府及相关财政部门建议设立专项资金以支持一些大型的电力投资项目，对于有特许费的项目争取老挝方的减免，在税收方面在原有的股息税和利润税等科目上争取取得更大的优惠等。另外，为了保障项目的投资收益和规避国际汇率变动风险，建议使用以人民币计价、以美元结算的方式完成结算。总而言之，根据在老挝电力投资项目的差异性，调整不同的协调方案以保证双赢。

五、增强劳动力经验交流

在项目合作前，中方在成本控制的前提下，对老方可以提供一定技术支持。例如，对老挝的工人进行技术培训，传授技能等。这样不仅可以帮助加快中方的项目建设进度，也可以让老方掌握新技术为以后的电力发展打下坚实的基础。此外，聘请一些老挝本地的劳动力，不仅可以节约中方成本，也可以提高老方的就业水平。多方面的双赢效果能够进一步保障项目的顺利实施。

六、尊重老挝文化、宗教和习俗

针对文化的差异性，中方在对老方进行投资时，应该充分掌握当地习俗，

尊重当地宗教信仰；融入当地社会，多听取当地人的意见；特别是在和老挝政府部门和工会交流时，深入了解他们的政策法规和办事程序，以免在实际过程中因为文化差异和变化产生不必要的误解。而面对法律环境的局限性，投资方可以通过合同约束来改善这一局面。在合同的制定过程中，投资方需要全方位考虑可能会出现的摩擦和纠纷，在合同上明确双方的责任和义务，从而在最大程度上避免出现不必要的麻烦。

参 考 文 献

[1] 胡德坤，彭班. 试析中国对老挝的经济援助［J］. 现代国际关系，2019（07）：45-50.

[2] 中国电科与老挝签署“气象和水文治理领域合作谅解备忘录”［J］. 国防科技工业，2019（07）：9.

[3] 李恒. 老挝水电站建设中的外商投资风险研究［D］. 山东大学，2019.

[4] PETO SAENKOMAEN（龙神）. 老挝与中国双边经贸关系问题研究［D］. 南京大学，2019.

[5] 陈晓，张小楠. 亚洲经济体对老挝直接投资流入的决定因素研究［J］. 湖北农业科学，2019，58（09）：128-130.

[6] 彭松（THIPPHAVONG PHONEPASERT）.“一带一路”背景下老挝—中国经贸合作研究［D］. 吉林大学，2019.

[7] 卫彦雄. 老挝：2018 年回顾与 2019 年展望［J］. 东南亚纵横，2019（01）：36-42.

[8] 冯明磊，陈宁，郑勇，张礼强，王煜，王志明. 老挝水电工程建设征地移民安置补偿费用构成［J］. 云南水力发电，2018，34（06）：1-3.

[9] 孙宏伟. 简论“一带一路”与老挝社会经济的发展［J］. 环渤海经济瞭望，2018（11）：68.

[10] 段杰，况颖. 中国对外直接投资对大湄公河次区域国家经济发展影响研究［J］. 世界地理研究，2018，27（04）：11-20.

[11] 韦艳菊. 老挝标准化管理体系及标准化现状［J］. 标准科学，2018（07）：19-22.

[12] 展阳. 老挝向市场经济转型的现状与策略问题分析［J］. 绿色科技，2018（12）：247-249.

[13] 何时有，臧娜. 老挝水电“建设—运营—移交”项目主要投资协议解析［J］. 电力与能源，2018，39（02）：239-242+245.

[14] 唐骏. 老挝交通基础设施建设利用外资研究［D］. 长安大学，2018.

[15] 张礼强，胡珏，沈忠杰. 老挝水电建设征地移民安置实施工作的几点思考［J］. 云南水力发电，2018，34（02）：12-15.

[16] SAVANHPHET MONTY. 老挝自然旅游资源保护法律制度研究［D］. 昆明理工大学，2018.

[17] 王子龙（PHETSAVAN THONGMANY）. 老挝建筑工程计价模式及造价指标案例研究［D］. 昆明理工大学，2018.

[18] 陈定辉. 老挝：2017 年回顾与 2018 年展望［J］. 东南亚纵横，2018（01）：40－46.

[19] 冯明磊，陈宁，张礼强，王煜，郑勇. 老挝水电工程移民生计恢复初探［J］. 水电与新能源，2017（12）：18－20＋34.

[20] 付永青. 中国企业对老挝投资风险分析［J］. 中国国际财经（中英文），2017（17）：231－232.

[21] 安佳利. 老挝投资环境对中国企业投资意愿的影响研究［D］. 内蒙古大学，2017.

[22] 赵丹. 十四冶开拓老挝国际工程承包市场对策研究［D］. 云南财经大学，2017.

[23] 韩瑞，蒲会玲，曹勇. 项目管理承包模式在老挝南塔河 1 号水电站建设管理中的应用［J］. 红水河，2017，36（02）：112－116.

[24] 陈定辉. 老挝：2016 年回顾与 2017 年展望［J］. 东南亚纵横，2017（01）：14－22.

[25] 黄超伦. 老挝贸易与投资分析［J］. 东南亚纵横，2017（01）：67－72.

[26] K. 纳帕拉萨旺，米博宇，陈欣. 老挝南部水电开发的水文要素评估［J］. 水利水电快报，2016，37（12）：25－28.

[27] 李文，张连顺. 浅谈老挝南坎 2 水电站 115kV 输电线路基础施工［J］. 四川水力发电，2016，35（S2）：140－143.

[28] 吴世韶. 中国与东南亚国家间次区域经济合作研究［D］. 华中师范大学，2011.

[29] 索姆吉特. 老挝投资环境和发展领域分析［J］. 现代经济（现代物业下半月刊），2009，8（04）：155－158.

[30] 陈江生，毛惠青. 老挝的经济改革与发展［J］. 中共石家庄市委党校学报，2007（10）：44－46.

[31] 志荣. 老挝经济社会发展现状与对策建议［J］. 东南亚纵横，2006（01）：8－12.

[32] 中华人民共和国商务部对外投资和经济合作司“走出去”公共服务平台. http://fec.mofcom.gov.cn/

[33] 中华人民共和国驻老挝人民民主共和国大使馆经济商务参赞处. http://la.mofcom.gov.cn/

[34] 新华网. http://www.xinhuanet.com/